本出版物系广东省特殊教育内涵建设优质特殊教育资源中心项目
——广州市越秀区特殊教育指导（资源）中心研究成果

区域融合教育的
研究与实践

聂永平　曹丽敏 / 著

吉林人民出版社

图书在版编目（CIP）数据

区域融合教育的研究与实践 / 聂永平，曹丽敏著
. -- 长春：吉林人民出版社，2023.11
ISBN 978-7-206-20684-9

Ⅰ.①区… Ⅱ.①聂…②曹… Ⅲ.①地方教育—特
殊教育—教育研究—广东 Ⅳ.①G769.286.5

中国国家版本馆CIP数据核字（2023）第225574号

区域融合教育的研究与实践
QUYU RONGHE JIAOYU DE YANJIU YU SHIJIAN

著　　者：聂永平　曹丽敏

责任编辑：田子佳　　　　　封面设计：李　娜

吉林人民出版社出版发行（长春市人民大街7548号　　邮政编码：130022）

印　　刷：北京政采印刷服务有限公司

开　　本：787mm×1092mm　　1/16

印　　张：12.5　　　　　字　　数：200千字

标准书号：ISBN 978-7-206-20684-9

版　　次：2023年11月第1版　　印　　次：2023年11月第1次印刷

定　　价：58.00元

如发现印装质量问题，影响阅读，请与出版社联系调换。

目 录

融合教育之现状

特殊教育是教育的一个组成部分，是使用一般的或经过特别设计的课程、教材、教法和教学组织形式及教学设备，对有特殊需要的儿童进行的，旨在达到一般和特殊培养目标的教育。1994年，"世界特殊教育大会"所颁布的《萨拉曼卡宣言》中正式提出融合教育。融合教育是特殊教育中的一种教育理念，即通过不同程度的教育设计与调整，使特殊儿童顺利进入普通班级进行无差异学习。

特殊教育运用特殊手段和方法对特殊群体进行教育，强调"特殊性"；而融合教育强调的是"一般性"，主张特殊需求儿童与普通儿童的教育相融相合，使所有儿童能够在同一环境、同一起点接受同样的教育并得到同样的对待。

融合教育的哲学基础包括社会建构主义、后现代主义、人文主义。社会建构主义虽有不同形式，但一个共性的观点是，某些领域的知识是我们的社会实践和社会制度的产物，或者相关的社会群体互动和协商的结果。后现代主义，作为西方社会的一种重要的社会文化思潮的兴起，有其特定的社会背景，其总体特征是批判理性主义，崇尚非理性；解构现代主体性；反对同一性、整体性，崇尚差异性。人文主义是一种理论体系，该主义倾向于对人的个性的关怀，注重强调维护人类的人性尊严，提倡宽容的世俗文化，反对暴力与歧视，主张自由平等和自我价值，并发展成为一种哲学思潮与世界观。

融合教育的微观理论基础包括多元智能理论、建构学习理论、合作学习理论。美国哈佛大学霍华德·加德纳教授在其1983年出版的《智力的结构》一书中提出"智力是在某种社会或文化环境的价值标准下，个体用以解决自己遇到的真正的难题或生产及创造出有效产品所需要的能力"，多元智能理论认为，不存在单纯的某种智力和达到目标的唯一方法，每个人都会用自己的方式来发掘各自的大脑资源，这种为达到目的所发挥的各种个人才智才是真正的智力，造就了人与人之间的不同。建构学习理论最早由瑞士心理学家皮亚杰提出，强调学习者的积极性和主动性，认为学习是学习者基于原有的知识经验生成意义、建构理解的过程。建构学习理论强调通过设计学习情景、协作、会话等学习环境要素，充分发挥学生的积极性。在学习情景中，学生能够意识到知识在真实社会生产中的实用价值，进而产生动力和研究兴趣；在协作与会话环境下，具有优越的主人翁意识，而在团队合作的氛围中，竞争意识会促使其更加积极，求胜心理则会激发学生内在的动力。合作学习理论最初兴起于20世纪70年代，是以现代社会心理学、教育社会学以及认知心理学为基础，以教学中的人际合作和互动为基本特征，以合作学习小组为基本的教学组织形式，开展以教师为主导，以学生为主体的合作学习活动，最终以小组成绩作为评价对象的一种教学方法。它是一种包容传统教学模式同时又具有创新性的教学方式，其意义不仅仅在于能提升学生的学生技能，还在于能促进学生非智力素质的发展。

1994年，联合国召开世界特殊教育会议，与会国家签署了《萨拉曼卡宣言》，这是第一个明确提出"融合教育"理念的国际法律文件。《萨拉曼卡宣言》指出，有特殊学习需求的孩童必须拥有进入普通学校的渠道，这些普通学校"应能对抗歧视、创造友善社区、建立融合社会以及达成全民教育目标"。

2006年12月，《残疾人权利公约》（以下简称"《公约》"）在联合国第61届大会上表决通过，并且于2008年5月正式生效。《公约》第24条规定了残疾人受教育权的具体内容："缔约国确认残疾人享有受教育的权利。为了在不受歧视和机会均等的情况下实现这一权利，缔约国应当确保在各级教育实行包容性教育制度和终生学习"。

第一章

区域融合教育的系统构建

　　融合教育是经济、文化发展到一定程度之后，在教育方面产生的一种理念，关注的是每个人都应该在公平的、开放的环境中接受教育，反对的是隔离、歧视。而在实施融合教育过程中，我们会发现，学校、教师、学生和家长都会遇到很多问题，如何更加有效地统筹资源、统一部署，让融合教育的实施成为一个网络，让网络中的每个人都能受益？基于这样的思考，我们逐步构建了一套区域融合教育系统——三级生态支持模式。我们将运作该系统的过程中遇到的问题和实际做法进行了梳理和总结，包括融合教育的育人模式、支持保障体系，以及在实施过程中要构建学习共同体等。

融合教育三级生态支持模式的构建

——越秀区融合教育的10年探索

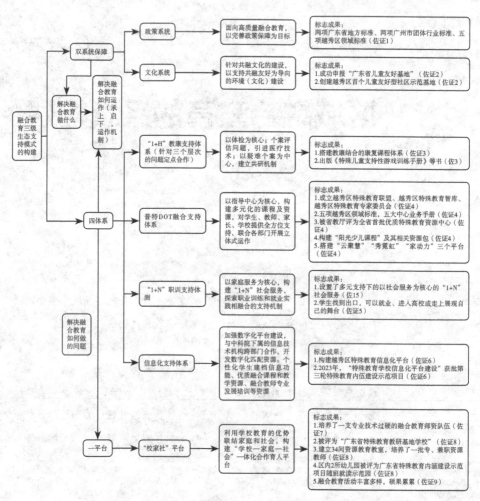

图1　融合教育三级生态支持模式

一、问题的提出

党的二十大报告提出"强化特殊教育普惠发展",充分体现了党中央对特殊教育的高度重视。融合教育作为残疾人教育的重要形式,强调通过一切手段为所有民众提供适宜的教育,强调基于每位儿童特别的禀赋和需要,为他们提供便利和支持,使他们能够得到最大限度的发展。但融合教育现阶段的发展尚存在"工作机制不健全、支持保障条件不完善、任课及指导教师特殊教育专业水平不高"等问题。当前,高校专家针对如何推进融合教育的发展,建立融合教育模式开展了大量的理论研究,但对区域内融合教育支持模式的实践研究仍较少。

越秀区自古崇文重教,文化底蕴深厚,区委区政府高度重视融合教育,于2012年开始对融合教育开展系统的实践研究,努力打造"学在越秀"的品牌,实现"成就每一个孩子的精彩人生"的融合教育目标。在实践、推广中,面临以下三大难题。第一,什么是高质量的融合教育支持体系?即融合教育支持系统的架构应是怎样的。第二,什么是有效的融合教育实务?即融合教育支持系统的运作机制应是怎样的。第三,什么是增能赋权的融合教育资源平台?即融合教育资源应如何优化。本成果瞄准三大难题,从保障系统、支持体系、实施平台三方面入手,经过个案探索、模式构建、实践完善等三个阶段开展研究与实践。

自2012年至今,越秀区系统、深入的融合教育实践已进行了十余年。2019年,区教育局统筹启智学校原有中心机构,成立了越秀区特殊教育指导中心(以下简称"指导中心"),进一步构建区域融合教育模式,深化融合教育内涵建设。2021年指导中心被广东省教育厅授予第一批"优质资源中心"称号。同时,越秀区启智学校也正不断加大向指导中心转型的力度,力求为区域有特殊需求学生提供公平优质的教育,并在融合教育上不断探索和实践,努力寻找解决路径,翻开了越秀区融合教育新篇章。

二、解决问题的过程与方法

(一)解决问题的过程

1. 实践探索阶段:以个案为抓手,深挖核心问题(2012—2016年)

2012年,"融爱行"项目由广州市教育局接管,作为融合教育试点计划,交由启智学校负责项目实施。本项目以个案为中心，由随班就读指导中心督导老师为学生提供评估、制定个别教育计划（IEP），设计教学活动以及提供支持策略，帮助普校教师制定与实施教学策略，协助并推动学校、教师、家长、督导等各方间的沟通，旨在深入探讨融合教育支持中遇到的问题。

在实践探索中，我们发现个案的量越来越大，个案的问题越来越复杂多样，同时，我们的工作却缺少理论支撑、政策引领，也没有一个完善的支持体系和运作机制，几乎是凭经验摸索前进，而且师资队伍的专业性也参差不齐。因此，我们构建了一个上有理论支撑和政策引领，中有完善的支持体系和良好的运作机制，下有强大师资队伍的融合教育支持模式，来解决"融合教育支持系统是什么"的问题。

2. 模式创建阶段以生态系统理论为基础，构建三级生态支持模式（2016—2019年）

美国心理学家尤里·布朗芬布伦纳（Urie Bronfenbrenner）强调儿童发展的情景性和社会性，提出生态系统理论。该理论视域下的融合教育以特殊需要儿童个性化需求为中心构成融合教育的生态系统，其系统的动态平衡是学生享受高质量教育的重要保障。

指导中心以该理论为基础，构建了融合教育的三级生态支持模式（图2）。以特殊儿童的个性化需求为中心，宏观系统涵盖文化环境建设、融合教育政策保障等要素。我们凭借"建立行业标准""创建友好型社区"的"双系统"保障，优化融合共生的文化环境。中观系统以四大体系的运作为支撑，通过"1+H"教康融合支持体系，实现"精准评估、个别化教育"，解决"精准做"的问题；以"DOT"普特融合支持体系，实现"规范运作、多元支持"，解决"规范做"的问题；以"1+N"职特融合支持体系，实现"技能培养、服务社会"，解决融合教育"可规划做"的问题；以信息化支持体系，实现"资源共享，终身学习"，解决融合教育"可持续做"的问题。微观系统涵盖家庭、学校、社区等要素，建设"校家社"平台，使特殊儿童获得平等参与融合教育的机会，更好地融入社会，从而解决"融合教育的有效实务是什么"的问题。

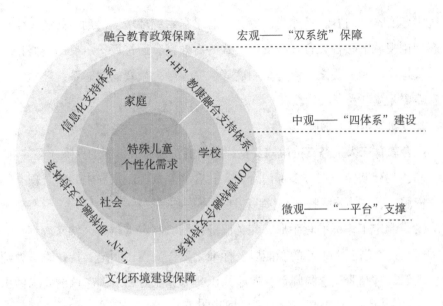

图2 广州市越秀区融合教育三级生态支持模式示意图

3. 发展完善阶段：强化"校家社"实施平台，落实"一人一案"（2019—2023年）

2020年《关于加强残疾儿童少年义务教育阶段随班就读工作的实施细则（试行）》提出普通学校要针对残疾学生的特征，按照因材施教和"一人一案"的原则，努力为每一位学生提供适合的教育。为此，指导中心强化"学校—家庭—社会"合作育人平台，凭借"秀霓虹"双向共融交流平台、"云聚慧"教研平台以及"家动力"家长交流平台，让学校、家庭、社会形成一股合力，为特殊需要儿童享受高质量的融合教育保驾护航，真正落实"一人一案"。

在强化"校家社"实施平台的过程中，我们积累了大量的资源，比如课程、资源包、优秀课例等；为了实现优质资源共享和传播路径优化，我们多维度扩展实践支点；优化微观系统实施平台，为各方面人员的专业赋能，解决"增能赋权的融合教育资源平台是什么"的问题。

（二）解决问题的方法

1. 以理论研究为基础

用生态系统理论对"融合教育支持"的问题进行分析，解构宏观、中观、微观三层面的问题。以该理论为基础，建立融合教育三级生态支持模式，完善系统中各要素的内容、运作机制等，动态平衡系统环境。借助模式的运作检验生态理论视域下融合教育三级支持模式的有效性，通过评价、反馈、修正、补充模式运作的相关要素、流程、制度等，完善融合教育的生态系统环境，保障特殊需要儿童享受高质量教育。

2. 以机制构建为保障

融合教育三级生态支持模式要发挥其功能，还需要机制的保障。

（1）构建联盟，促进多部门合作，整合共享资源。指导中心整合现有特殊教育资源，成立越秀区特殊教育联盟（以下简称"联盟"）。

（2）制定工作标准化手册，完善服务机制。制定《越秀区特殊教育指导中心手册》，明晰五大中心的职能以及标准化工作流程；制定《特殊教育教师专业要求》，对专业理念与师德、专业知识、专业能力和培训考核的要求做出了明确规定，为特殊教育教师的专业发展指明了方向。

（3）教康结合，搭建专业支持工作机制，成立医疗专家库，形成随诊制度。

3. 以课程建设为抓手

为实现五育并举、精准康复以及服务社会的目标，我们分别建设了"阳光少儿"课程、教康结合的四模块课程、"1+N"职业课程等。为全面提高融合教育教师的专业水平，我们针对不同教师群体建设了通识课程和增能课程；为了加大融合教育宣传和提升家长教养水平，我们利用家长会、开放日等机会向普通家长宣导融合教育，针对特殊孩子家长则建设了"家动力"课程。

三、成果的主要内容

（一）构建"双系统"保障，优化宏观系统，营造融合共生的社会文化

1. 建章立制，加强标准化建设，完善各类政策保障

2012年，指导中心在广东省标准化研究院指导下，制定《特殊教育教师专业要求》《残疾儿童少年义务教育阶段随班就读服务规范》两项广州市团体行业标准，为融合教育实施提供参考和依据，使服务更加精准、科学；同时，《残疾儿童少年随班就读服务规范》《融合教育资源教室建设指南》两项广东省地方标准立项；还以五大中心的运作、管理为中心制定了业务手册。凭借以上文件，确保为融合教育的标准化运作提供强有力的支持保障。

2. 申报"广东省儿童友好基地"，创建了越秀区首个"儿童友好型社区"示范基地

儿童友好指为儿童成长发展提供适宜的条件、环境和服务，切实保障儿童的生存权、发展权、受保护权和参与权。践行融合教育是创建儿童友好学校的重要内涵，2023年初启智学校被授予"广东省儿童友好学校"荣誉称号。为进一步推动社会大融合发展，启智学校联动所属街道、社区以及区少工委，共同商讨、策划以启智学校为核心区的无障碍一线式融合生活圈，创建了越秀区首个"儿童友好型社区"示范基地。指导中心依托启智学校这一后盾，借助儿童友好型社区大力宣传融合教育，同时也起到辐射引领区域内其他社区的作用。

核心成果1：两项广东省地方标准立项，即《残疾儿童少年随班就读服务规范》《融合教育资源教室建设指南》；两项广州市团体行业标准发布，即《特殊教育教师专业要求》《残疾儿童少年义务教育阶段随班就读服务规范》。

核心成果2：成功申报"广东省儿童友好基地"。

核心成果3：创建了越秀区首个"儿童友好型社区"示范基地。

（二）夯实四体系建设，推动融合教育全面发展

1. 构建"1+H"教康结合支持体系，解决"精准做"的问题

教育和医疗的跨专业合作有助于突破特殊教育的瓶颈。2014年起，启智学校构建了与多家医院的"1+H"教康支持体系，与中山大学附属儿童行为发育研究中心建立科研联动机制；与越秀区中医院开展中医经络与健康项目的研究，与越秀区儿童医院开展以个案为中心，围绕"智障""自闭""脑瘫"三大常见障碍类别的研究。

建立了由26名教育专家、行业人员和多名医疗专家组成的专家库，形成了医生定期入校问诊的"随诊制度"。实施教康支持的三级问诊（图3），第一级是由校内校医、社工筛选个案，建立档案；第二级是在专家团队指导下开展精准康复；第三级是由高位引领、提供政策和技术支持。通过专家的引领和技术支持，提升教师的专业素养，解决融合教育"精准做"的问题，打造了越秀教育与医疗机构合作的范本。

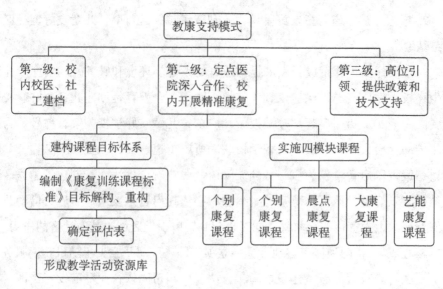

图3　教康融合的"1+H"教康支持体系结构图

核心成果1：搭建了教康结合的康复课程体系。

核心成果2：出版了《特殊儿童支持性游戏训练手册》等书籍。

2. 构建普特融合的DOT融合教育支持体系，解决"规范做"的问题

越来越多的特殊需要儿童走进普校，于是我们搭建了"多元化、全方位、立体式"的DOT普特融合支持体系（图4），实现规范运作、多元支持，解决"规范做"的问题。

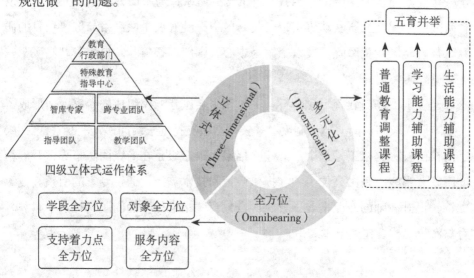

图4　普特融合的DOT普特融合支持体系结构图

（1）搭建立体式普特融合运作机制

2019年联盟成立。指导中心依托联盟，统筹整合包括智库（高校专家、行业引领者等）、跨专业团队等在内的相关资源，建设幼儿园、小学、中学融合教育的指导团队，然后进入普校，帮助组建教学团队。实施过程中采用以点带面辐射引领的方式，以19所联盟校划分7个片区，然后在每个片区挑选优质资源学校作为核心校进行示范引领，带动片区融合教育的发展。

（2）形成全方位支持体系

服务对象全方位。对于学生，指导中心力求为区域内特殊需求儿童提供幼儿园、小学、中学15年学段完整的教育、康复服务；对于教师，指导中心采用分层分类的方式为不同教师群体提供专业的支持。第一层为普校主管融合教育的行政机构，主要负责意识层面的开拓、政策方面的宣导；第二层为全体普通教师，借助通识课程提升教师对融合教育、特殊儿童的了解；第三层为资源教师，通过进阶式的增能课程提升资源教师的专业水平，打造优秀的资源教师队伍。对于家长，主要通过开放日、"家动力"课程等方式加强融合宣导，提高家长的教养水平。

五大中心保障服务内容全方位。指导中心下设随班就读指导中心、智力检测中心、转介安置中心、积极行为指导中心、辅具适配中心。随班就读指导中心主要为随班就读学生进行资格认定、综合测评、巡回督导等工作；转介安置中心主要为学生提供适性的安置服务，保证普特学生之间的双向流动；智力检测中心则主要为区域内的学生进行智力检测；积极行为指导中心对有情绪或行为问题的学生进行及时跟进和干预，解决学生在校期间遇到的各种问题；辅具适配中心则会根据学生的需求打造独一无二的辅具，有效提高学生的适应性。五大中心还制定了相应的业务手册，明确各自的职能和服务流程（图5），针对个案需求匹配最适宜的支持，突破了融合教育"多元支持怎样做"的难题。

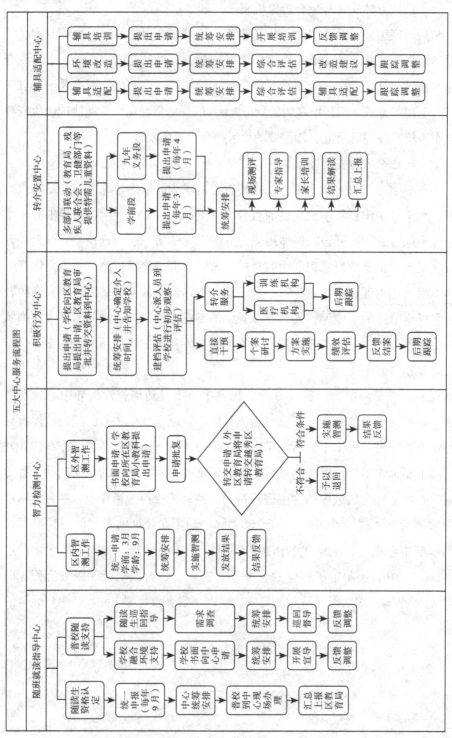

图5 五大中心服务流程图

（3）构建"阳光少儿课程"，使教育有所依

阳光少儿课程（图6）分为学科学习课程和辅助训练课程。学科学习课程除了义务教育的课程内容外，还包括学前的基础知识，旨在为有显著学习障碍的学生找到学习起点；辅助训练课程包括康复提升、潜能开发、生活适应三大内容。

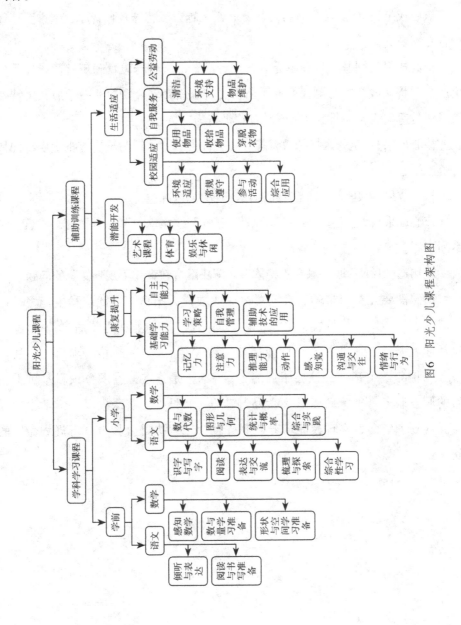

图6　阳光少儿课程架构图

2020年，参与"秀霓虹"项目的4所学校开始使用"阳光少儿课程"。经过近3年的尝试，老师们一致认为该课程对于学生IIE的制定和实施起到了很好的指导作用，便于他们清晰找到学生学习的起点，制定学习目标，也便于他们依据课程范例对课程内容进行简单的调整，学习单、作业单的设计也可以考量学生的现有水平做出相应的调整。

核心成果1：成立越秀区特殊教育联盟、越秀区特殊教育智库、越秀区特殊教育专家委员会。

核心成果2：制定了5项越秀区领域标准，即《特殊教育随班就读指导业务手册》《特殊教育智力测评业务手册》《特殊教育转介安置业务手册》《特殊教育辅具适配业务手册》《特殊教育积极行为支持业务手册》。

核心成果3：越秀区特殊教育指导中心被省教育厅评为全省首批优质特殊教育资源中心。

核心成果4：建设"阳光少儿课程"及相关资源包。

核心成果5：搭建了"云聚慧""秀霓虹""家动力"三个平台，积累了一系列资源。

3. 构建"1+N"职特融合支持体系，解决融合教育"可规划做"的问题

特殊需要儿童未来的教育安置以职业教育为归宿，因此依学生能力、家庭需求、社会发展，设置了多元支持下的"1+N"职业课程（图7）。该课程包括职业基础、职业技能、职业岗位实习课程。"1"是核心项目——社会服务，培养学生基础的社会服务能力；"N"是指在社会服务项目基础上拓展的职业服务，如家政管理、食品制造等N个职业。该课程以探索学生职业生涯规划为导向，实现技能培养、服务社会，解决融合教育"可规划做"的问题。

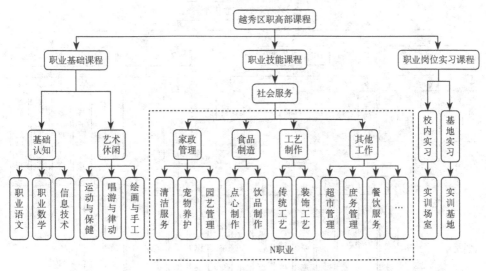

图7　"1+N"职业课程架构图

经过了三年的职业培训，有一批特殊教育学生走上了工作岗位，如进入咖啡厅、肯德基、事业单位等，从事服务员、保洁员、文员、影视剪辑等工作；少数特殊教育学生考入高校，如郑同学，他已经拿到广东工业大学飞机维修专业的入学通知书；有部分学生在各种平台展示自己，如在省、市、区组织的活动现场展示非遗工艺——掐丝珐琅，广府系列作品——拼豆、衍纸画等；还有学生走上了更高的舞台，举办了个人音乐会、画展等，甚至以他们的故事为原型拍摄了电影，在社会上引起了较大的反响。

核心成果1：设置了多元支持下以社会服务为核心的"1+N"职业课程。

核心成果2：学生找到出口，就业、进入高校或走上展现自己的舞台。

4. 建设技术融合的信息化平台，解决融合教育"可持续做"的问题

在"教育信息化2.0"时代背景下，我们与中科院下属的信息技术机构合作，建设信息化管理系统，做好学生、课程、教师、资源、运行等全方位、系统化的管理；建设智能化辅具，实现评估、教辅学具智能化，学生培养个性化等；建设智慧化资源共享，搭建智能化教学资源库和家校智慧合作平台；使用信息化管理系统，做好教学数据研究、教学评价研究、随班就读巡回指导和送教上门指导等。依托该信息化平台（图8）构建特殊教育与现代技术整合的信息化支持体系，为学生、家长和教师的发展赋能。

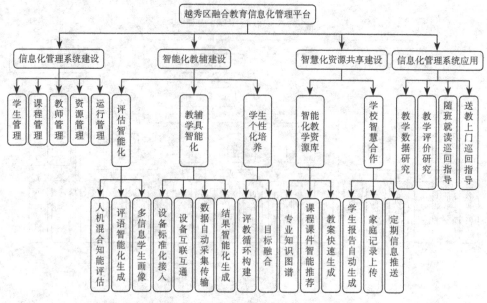

图8　越秀区特殊教育信息化平台

核心成果1：构建越秀区特殊教育信息化平台。

核心成果2："特殊教育学校信息化平台建设"获批广东省第三轮特殊教育内涵建设示范项目。

（三）构建"学校—家庭—社会"合作育人平台，形成融合教育合力，推动融合教育高质量发展

《中共中央关于制定国民经济和社会发展第十四个五年规划和二〇三五年远景目标的建议》提出，"健全校家社协同育人机制"，学校、家庭、社区和社会各方面要汇集更大合力。融合教育生态系统是一个多维度的教育关联系统，我们利用学校教育的优势联结家庭和社会，积极倡导校家社合作。

学校层面，物理环境建设和师资培养两手抓。2020年指导中心综合《广东省特殊儿童少年随班就读资源教室建设与管理实施办法（试行）》和《普通学校特殊教育资源教室建设指南》文件，制定了《越秀区资源教室运作指导意见（试行）》，由越秀区教育局发布。目前，越秀区一共建立34间资源教室。师资培养方面，指导中心采用分层分类指导，培养了一大批具有融合教育专业素养的教师，启智学校评为广东省特殊教育教研基地学校。

家庭层面，通过"家动力"平台引导家长自我成长。调查显示，家长对融

16

合课程设置、融合教育活动、教师工作态度、教师融合教育相关专业技能和教学策略、学校融合教育整体工作的满意度均在90%以上。

社会层面，示范园引领，推动区域辐射。广州市第一、第二幼儿园分别于2021年、2022年被评为广东省特殊教育内涵建设示范项目随班就读示范园。此外，指导中心还以活动为契机促进社会大众对融合教育的了解。近5年，指导中心成功举办多个省市融合活动、现场会。比如：2023年广东省融合教育交流研讨会、第二届粤港澳融合论坛——"DOT"运作模式研讨、广州市越秀区中小学融合教育绘画比赛、广州市越秀区中小学融合教育优秀教学成果评选等。这些活动促进了大众对融合教育的了解，也展示了我区融合教育在三级支持模式下的优异成效。

核心成果1：启智学校被评为"广东省特殊教育教研基地学校"。

核心成果2：培养了一支专业技术过硬的融合教育师资队伍。

核心成果3：建立34间资源教室，培养了一批专、兼职资源教师。

核心成果4：区内2所幼儿园被评为广东省特殊教育内涵建设示范项目随班就读示范园。

核心成果5：融合教育活动丰富多样，硕果累累。

四、效果与反思

（一）理论研究成果

1. 政策文件类

（1）2项广东省地方标准立项，2项广州市团体行业标准发布。

（2）制定了5项越秀区领域标准。

2. 课程资源类

（1）建设了"阳光少儿"融合课程、教康结合的四模块课程、"1+N"职训课程及相关的资源包。

（2）建设了教师培训的通识课程和增能课程及资源包。

（3）建设了家长培训的"家动力"课程及资源包。

3. 科研成果类

（1）出版了融合教育相关书籍共10本。

（2）申报相关科研课题共86项；撰写了一批关于融合教育的案例、论文等共200篇；课例130个。

（二）实践效果

1. 完善中心建设，整合区域融合

2019年整合特殊教育资源，成立联盟。指导中心下设五个职能中心，建立了"特殊教育指导中心场室管理制度""特殊教育指导中心人员架构""特殊教育指导中心服务指南""特殊教育指导中心内部运作指南"等。

2. 组织专业团队，优化教育资源

设立指导中心正副主任各1名，五大中心负责人5名，中心组成员7名。为优化教育资源实现资源共享，我们搭建了特殊教育信息化平台，该项目被评为广东省第三轮特殊教育内涵建设示范项目。

3. 积极实践运作，强化支持质量

近5年，指导中心对区内120所学校展开巡回督导，为1600多名学生进行资格认证，为385名学生开展积极行为支持，为185名学生提供辅具服务，制作辅具1000余件，总共服务个案2365人，共计6587课时；为普通教师开展融合教育相关培训逾100场，家长培训逾46场，并开发了大量电子资源；举办多个省市融合活动，征集了论文、教育叙事、课例等优秀的教育资源；多维度支持学校融合环境的建设，打造了6所各具特色的融合教育学校（园），其中2所幼儿园被评为随班就读示范园；创建了越秀区首个儿童友好型社区示范基地。

4. 落实"一人一案"，促进学生的全面发展

2022年越秀区适龄残疾儿童义务教育入学率达100%，义务教育阶段随班就读学生为229人，占区内残疾儿童人数的38.5%，送教学生比例逐年减少，实现融合教育全面推广。相关调查数据显示，特殊需求学生的学习水平、情绪调节能力、问题行为等均得到改善。同时，越来越多特殊教育学生在各种平台、各种活动中展现各自的精彩。

（二）实践反思

1. 在融合教育资源建设上，要注重多部门联动

在融合教育资源建设的过程中，充分调动了各部门指导团队及教学团队的力量，借助指导团队进一步提升教学资源整合和使用的有效性，提高指导中心的指导效率，为融合教育高质量发展打下坚实的基础。在融合教育教学资源建设的过程中，教康结合、普特和职特融合、信息化整合的联动机制起着重要的作用，需要多方共同支持，为融合教育教学资源建设的进一步完善提供更高效的途径。

2. 融合教育课程建设上，充分考虑多元支持

特殊需求学生有各种各样的学习需要、特点，我们需充分挖掘学生的优点，评估学生在环境中的优劣势，努力完善与其关系最密切的课程内容，构建最适宜的融合教育课程。建设课程时，我们要立足于学生的现状，用发展的眼光看待学生，基于学生生态环境，满足学生多元的发展需求。

"五育并举"下的随班就读融合育人新模式

2019年，中共中央、国务院印发《中国教育现代化2035》，提出"注重全面发展，大力发展素质教育，促进德育、智育、体育、美育和劳动教育的有机融合"。在此新时代背景下，"五育融合"是当前及未来基础教育改革重要的发展方向，已经成为提升"育人质量"的重要路径。党在十九届五中全会上也明确提出，到2035年建成教育强国的奋斗目标，坚持立德树人，重在落实。要健全立德树人的落实机制，把立德树人融入思想道德教育、文化知识教育、社会实践教育等各环节，贯穿基础教育、职业教育、高等教育等各领域。

"立德"是坚持德育为先，通过正面教育来引导人、感化人、激励人；"树人"是坚持以人为本，通过合适的教育来塑造人、改变人、发展人。

融合教育是教育的重要组成部分，针对随班就读学生，构建"五育并举"下随班就读的融合育人新模式，分别通过文化育人、活动育人、实践育人、管理育人、实践育人的实施路径，提升区域特殊教育质量，从而大大提升教育工作的整体质量。

一、随班就读融合育人的必要性

立德树人是教育的根本任务，随班就读已成为特殊需要青少年回归主流教育的一种主要教育安置方式，为全面育人、融合育人赋予更丰富的内涵。特殊学校针对随班就读的学生，以"向阳好少年"为培养目标，探索构建"五育并举"下随班就读融合育人新模式，是服务于随班就读学生健康发展的客观需要，是一个亟待解决的现实课题。只有把融合育人与随班就读"无缝对接"，才能对随班就读的学生实施既有个性化又有兼容性的系统教育，使其终身受益。

二、随班就读的现状分析

随着全纳教育思潮的普及，随班就读成为一种主要的教育安置方式，越来越多中、轻度智力障碍及特殊需求的学生选择在普通小学就读。这些随班就读学生由于生理或心理的障碍，在社会交往、认知水平，甚至情绪行为方面都与健全伙伴有一定的差异，若得不到及时干预，不仅会影响其学业和身心发展，也会对所在班级造成较大的影响。

近年来，各地随班就读学生数量不断增多，其中自闭症学生占比较高，且情绪行为问题个案增多，严重性趋高，对主流学校的教育带来了一定的挑战；在沉重的教育质量压力下，普校对随班就读学生的教育基本停留在学业辅导上，缺乏对这类学生思想品德的引导和良好行为习惯的培养；融合教育内部缺乏统整机制支持，普校中建立资源教室的比例较低，机构运作效能不高，各部门之间执行运作不顺畅等问题，均严重制约着随班就读质量的提高。

三、随班就读融合育人的目标定位

基于新时代的培养要求和上述现状，随班就读融合育人模式以培养阳光、自信、好学、有才的"向阳好少年"为目标，鼓励特殊需求学生向着阳光追逐梦想，不一样的雏鹰一样能自信地飞翔于蓝天。在多元支持下，通过五育并举等多种途径，发展随班就读学生的学习能力；潜能开发和缺陷补偿并驾齐驱，树立"我行，我可以"的坚定信念，使随班就读学生全面发展，顺利融入主流社会。

四、随班就读融合育人的实施途径

教育要面向全体学生，促进他们的全面发展。为进一步深化教育改革，全面提高教育质量，教育改革推动融合教育向素质教育方向发展。随班就读融合育人新模式以随班就读学生的能力提升线和育人发展线为主轴，通过文化育人、活动育人、实践育人、管理育人、协同育人等五个育人维度，实现"阳光好少年"育人的全面发展。

1. 以文化育人为目标，提升学生的基本能力

（1）推动"融爱行"项目。一个现代化的文明社会，必定是包容、多元的社会，营造普特融合的包容环境氛围，对随班就读学生和健全伙伴一起成长非常有利。在普校开展"你帮我助好伙伴"活动，让普特生在学习、活动、交往上结对子，期末共同分享印象最深刻的事，表彰最有爱的一对"融合小伙伴"，营造包容的班级氛围。"融爱行"项目不仅让普校的健全学生学会了理解、互助和包容，也让随班就读的特殊学生少了异样的眼光，大胆地接受同伴友善的帮助，自信地成为班级、学校中的一员。

（2）建立适宜的融合教育课程体系。随班就读的学生大多由于生理原因而学习困难，且个体差异大，因此学校需要提供一套适宜的融合教育课程，使其得以全面发展。该课程体系应既兼顾基础学科知识，也覆盖缺陷补偿和优能培育，既包括培养基本学科素养的学科学习课程，也涵盖培养基础能力的辅助训练课程、培养特殊才能的潜能开发课程等。

2. 以活动育人为抓手，营造以爱育爱的共融环境

（1）积极推行"同爱行"活动，营造学校和班级，师生和生生之间平等、有爱、包容、互助的环境氛围，健全伙伴学习帮助，同时也收获共同成长。随班就读孩子在温暖有爱的班级里也会减少紧张焦虑的情绪，有利于他们融入主流社会。

（2）结合传统节日或庆典组织展演活动，为随班就读学生提供共融的良好契机。在同龄伙伴的带动下，他们也能参与体育节、艺术节等活动的筹备、表演中，分享快乐和自信，同样也为班级出一份力。

（3）重新设计常规体育大课间活动，各班结合学生特点增加团队建设和趣味性强的体育运动，在增强体质健康的同时拉近同学们之间的距离。

3. 以实践育人为路径，塑造良好的行为习惯

（1）开展多形式的体验式实践活动，如为培养劳动观念和劳动技能而组织的"劳动小能手"服务实践日，各年级的同学根据班级和小组任务，完成个人文具、用品整理，班级绿化、卫生清洁，公共通道及场室的卫生，校门内外及文化长廊的清洁等。小手牵小手，共同打造清洁绿化美校园。

（2）培养融合伙伴的文明礼仪和行为养成教育，如少先队开展"文明小使者"达标争章评选活动，强化文明行为十准则，通过向榜样学习，互帮互助，鼓励同学们向良好行为靠拢，最终受益终生。

4. 以管理育人为保障，为融合教育提质助力

（1）建构起完善的育人保障制度，为有效实施五育融合保驾护航。学校各部门分别建立落实"五育并举、融合育人"的具体措施、考核办法、督查机制，从而形成学校的具体实施方案，由专人负责、专项检查、落实督导，形成合力，共同推进。

（2）为实施五育并举、五育融合提供必需的经费保障，提供并完善相应的硬件实施条件，保障具体方案的落实。

（3）建立五育并举、五育融合的个性化档案资料，包括入学资料、个别化教育计划、综合评估报告、学习档案、德育档案等，三年进行一次综合评估，对比个案进展情况，从而获得动态的综合能力数据分析。

5. 以协同育人为支撑，整合力量共享共建

（1）家校合作新模式的探索，可增强家校合作意识，有利于形成家校合力，更顺利地开展工作，提高融合教育的实效性。例如，为随班就读的学生定期召开个别化教育研判会，不仅可以了解学生的学习能力、品德行为及在家的表现，也可以开展多形式的融合育人宣传教育，落实日常教育要求。同时，学校可以提供重要的线上学习资源或个性化作业单供家长选择，并向家长展示孩子的学习和成长成就，从而增强家长对学校、教师的信任感和认同度。

（2）有效指导家长科学育儿，提高家庭教育综合素质。学校可以定期组织不同主题、不同的形式的家长沙龙，并邀请家庭教育专家、法律顾问，或者有成功教育经验的家长对其他家长进行系统、有针对性的辅导，积极主动负担起教育家长、指导家长、帮助家长提高素质的责任，减轻家长思想上的负担，提高广大学生家长新时期的综合育人、融合育人素质，使学校教育和家庭教育形成强大的合力，提高融合育人的实效。

（3）依托社会力量，挖掘和整合社会资源对特需学生进行融合育人。为了提高同学们的安全意识，远离有危害的事情，学校负责联动公安系统的法律副校长，可以邀请派出所警官到学校上法律课，或邀请交警在学校上安全教育课，通过一些视频、实例，对学生进行直观的说法、传法教育，深入浅出地开展法制教育，使他们自觉遵纪守法，遵守交通规则，努力成为遵守和维护社会公德的好青少年。根据随班就读学生的康复需求，学校也可以开展一系列与儿童医院康复科的合作，从重点个案入手，对随班就读的特殊学生进行心理干预及康复治疗，以增强学生的综合能力，帮助他们融入班集体。

五、随班就读融合育人的活动成效及反思

五育并举与随班就读融合不仅可以培养随班就读学生良好品德及正向行为，也使他们的学习能力有了较大的提升，因而均能较好地融入班集体。因此，对特殊需要学生而言，要在德育融合中提升他们的内化力，在智育融合中提升他们的认知水平及社会交往能力，在体育融合中提升他们的体质健康及抗挫败能力，在美育融合中提升他们欣赏美及创造美的能力，在劳育融合中提升他们的动手能力及责任意识，五育融合，成就一个个阳光、积极的"向阳好少年"。

高质量发展下的区域融合教育支持保障模式

为全面贯彻落实党的"十九大"关于"办好特殊教育"、"二十大"关于"强调特殊教育普惠发展"的精神要求，各级各市特殊教育领域均掀起了新一轮教育质量的讨论热潮。越秀区作为广州市政治、经济、文化的中心区，同时也是广东省首批"教育强区"，无论在整体教育环境还是教育所取得的成果方面，越秀区都是排头兵。特殊教育是教育的重要组成部分，在全社会倡导公平教育的氛围中，特殊教育的办学质量可以成为衡量一个城区现代化和文明程度的重要指标。近年来，越秀区加大对特殊教育的投入和支持力度，积极推动融合教育的发展，并将特殊学校的建设作为十大民生实事之一，在此基础上不断优化和完善各项教育支持保障体系，建立一个提供十五年"无缝衔接"高品质特殊教育，探索提升区域特殊教育整体质量的范本模式。

一、问题的提出

国家对特殊教育质量的要求进一步提升，近年来颁发了多份特殊教育纲领性文件，继教育部联同七部委共同颁布的《特殊教育提升计划》实施后，全国各地迅速行动起来，特殊教育学校如雨后春笋般建起来。《特殊教育提升行动方案》在内涵和质量方面对特殊教育提出了明确的要求，其中在总体目标中提出，到2025年，高质量的特殊教育体系进一步巩固发展，残疾儿童、少年义务教育入学率达到97%，非义务教育阶段特殊教育规模显著扩大；特殊教育学校、普通学校随班就读和送教上门的运行保障能力全面增强，教育质量全面提升。此外，《国家中长期教育改革和发展规划纲要（2010—2020年）》也明确指出"关心和支持特殊教育""健全特殊教育保障机制"，可见，不断优化和完善各项支持保障体系是健全特殊教育保障必不可少的环节之一。

二、构建全方位特殊教育支持服务保障体系模式的必要性

越秀区的特殊教育起步较早，建构起了区域性的随班就读、资源教室、特殊学校、职高特教班等多种特殊教育安置形式，为各种有需要的特殊学生提供教育及康复训练等服务，同时，区域中的特殊教育指导中心及随班就读指导中心、智测评估中心、积极行为指导中心、辅具中心均有较完善的运作机制。近年来，随着教育理念的不断完善，人们逐渐认识到特殊教育更应立足于学生个体，提供全面、个别化、动态化的安置方式，因此，构建全方位的特殊教育支持服务保障体系非常有必要。那么，如何优化整合各种教育资源，怎样合理布局，如何构建与组织当前特殊教育发展的支持体系，使支持力量最大化、最优化利用，就成了我们需要思考的问题。

优化特殊教育支持保障体系从某种程度上来说，既有利于当前特殊教育的发展，又使相关组织投入精准化、支持最优化、教育成效最大化。因此，如何在融合教育的理念下，让区域相关组织之间的支持模式形成服务保障体系，继而提升特殊教育质量、推进区域特殊教育发展，值得我们去探索与实践。

三、全面架构区域性的特殊教育支持服务保障体系

1992年美国智能障碍协会（AAMR）将智力障碍的相关定义从个人的固有特性转变为个人能力与环境相互作用的功能状态。也就是说，所谓的智力障碍是人与环境互动中产生了问题，因此应着力探索为智力障碍者提供全面、适当的支持体系，提高其生活质量，使之可以更加有尊严地生活。随着我国中小学融合教育的全面实施，轻度障碍特殊学生已经逐渐融入普通学校，在特殊学校就读的学生则多为中重度智障、多重障碍或严重行为问题的特殊学习需求学生。为了帮助各类特殊需求学生未来更好地融入社会，过有品质的生活，则需要全面架构起区域性的特殊教育支持服务保障体系。

（一）搭建顺滑平衡的特殊教育自身发展保障体系

越秀区设有特殊教育指导中心，该中心负责整个越秀区的特殊教育指导和工作的开展。该中心成员由来自越秀区特殊学校的主管行政、科研主任和骨干

教师组成，主要任务是组织普特校专项教研活动、为普校提供教育建议以及根据需要对部分特殊孩子实施评估鉴定。随着融合教育浪潮的到来，随班就读必然成为特殊教育的主流，然而特殊学生与普通学生之间的教育方式是有明显差别的，就目前的情况来说，普通学校的教师都是非特殊教育专业的，其对特殊需要孩子的教育知之甚少，因此显得无所适从、有心无力，但随班就读学生在普校获得的是融合的机会；而特殊学校的教师则多是特教专业毕业，且经过较多的系统的职后培训，专业知识和能力较强，对特殊需要的孩子的教育及康复有丰富的经验，但特校就读的学生则缺少生态化的融合环境。

作为特殊教育指导中心下属的成员单位，特校、普校之间应搭建起顺滑、平衡的自身发展保障模式。一方面，加大师资的双向融合，特教指导中心要肩负起对普通学校的随班就读教师进行指导的任务。同时普通学校教育起步早，发展比特殊教育好，教师大多拥有丰富的普教教学经验和实践经验。通过特教中心与各个普通学校之间的交流学习，特殊教师可以从普通学校教师身上学到知识和技能，以及不同的价值观。只有通过这样双向的指导、交流、合作，教师群体才能形成合力，为随班就读提供师资支持。另一方面，为了探索十五年平滑对接、无缝衔接的特殊教育支持保障模式，特教指导中心还应基于学生的个体评估及需求，赋予教育安置的任务，如，为低学段学生提供大量的康复训练；中高学段的学生应在充分支持下回归主流教育环境，在资源教室予以个别化补充课程学习。对区域内特殊需要的学生实施双学籍管理，更有利于对其提供多方位且适性的教育方案，顺滑平衡的特殊教育运作体系有利于满足教育对象多样化的教育需求。

目前区域积极行为指导中心已开展一定个案的评估与介入服务，未来仍需优化运作模式，集中在普通学校中针对行为问题学生和自闭症学生开展个别化的行为干预，并以融合教育为前提，将学校视为整体干预单元，系统化、持续化地为普通学生及随班就读学生的行为发展提供积极行为支持，探索适合校情和学校管理特点的校本积极行为支持实践模式。

特殊教育指导中心下设的区域辅具适配中心功能服务需进一步完善。辅具，简单地说就是辅助器具，美国辅助科技法对辅具下的定义为："任何一个（种）产品、设备或系统，不论是现成商品，还是经改造或特别设计的产品，其目的是用来增加、维持或改善身心障碍者的能力。"由此可见，辅具不一定就是经过设计的高科技产品，只要是可以增加、维持或改善身心障碍者能力的任何器材都可以称为辅具。辅具的配置对残障学生身心全面发展非常重要，近年来，随着社会的发展、科技的进步和课程改革的深入，特教学校越来越重视通过先进的技术，个别化的手段来改善特殊学生的残障情况。在特殊教育学校中，辅具是开展教学与康复工作的必要条件，因此完善辅具适配中心的运作流程，最优化地发挥其功能也是特殊教育学校提高教育质量的重要保证。

（二）搭建专家智库引领高位决策发展的特殊教育保障体系

特殊教育提质，基础在专业，关键靠人才。由知名高校学者、医疗专家、特校校长组成的专家组成的"智库"，在特殊教育改革发展的进程中发挥着越来越重要的把脉及决策作用，是推动特殊教育发展的重要支撑和资源保障体系。

当前，中国教育正处在促进公平，提高质量，加快推进现代化的关键阶段，破解特殊教育改革发展难题，突破特殊教育机制障碍工作的复杂性、艰巨性前所未有，因此迫切需要健全特殊教育决策支撑保障体系，加快区域特殊教育智库的建设，以科学咨询支撑科学民主依法特殊教育决策，以科学民主依法决策引领特殊教育教学科学发展，推动区域特殊教育事业的发展。

（三）搭建纵横交错的特殊教育专业保障体系

通过不断的实践和探索，越秀区逐步架构起"3+3"纵横交错的特殊教育专业保障体系，包括"学前教育—义务教育—职业教育"等三级纵向教育体系和"教育康复—医疗康复—训练康复"等三级横向干预体系，为区域特殊教育两头延伸的提质工作提供专业支持和保障。

为满足区域特殊教育事业发展的需要，越秀区特殊教育学校开办了以智力障碍教育为主体的十五年制特殊教育模式（纵向）：开办学前教育，解决区域内特殊需要幼儿入园难问题，重点开展医教结合下的早期康复训练，促进智障儿童身体机能的康复；进一步优化九年义务教育阶段的教育教学，开发中度智障教育的课程、教材，创新教学方法，促进智障儿童适应生活；职业高中的三年，开设职业生涯规划为导向的职业课程，解决了特殊青年接受职业教育（或培训）难的问题，帮助其学习职业技能和提高职业适应能力，未来自食其力或不成为家庭的负担，顺利回归主流社会。

随着特殊学生障碍类别的复杂性和程度的不断增加，需要多专业、多学科的干预支持（横向），包括教育康复、运动康复和医学康复：教育康复即根据学生的障碍程度加大教育教学中康复的比重；运动康复是介入必要的运动训练，改善机能状态，提高学生的身体的控制能力；医学康复则是在教育评估及训练中提供医疗康复专业、自闭症、多动症、脑瘫等专科医师的意见和建议。三级横向干预机制可有效保障教育质量的有效性。

（四）搭建多元化的特殊教育社会服务保障体系

特殊教育质量的提升离不开多元化的社会服务保障体系，该体系涵盖了医教结合、社会志愿服务、融合支持三个共同参与主体。特殊教育的发展缺不了社会各界的关心支持，有机整合各方面的支持，共赢协调，使多方位支持力量优势最大化。

搭建医教结合的专业服务团队可为区域内的学生及家长提供必要的、专业的支持服务。随着融合教育观念的普及，特殊学校的教育对象发生了极大变化，中重度障碍学生及多重障碍学生快速增加，因而对康复服务需求也越来越大。而学校中的老师们接受的是普通教育和特殊教育，学生的学习却需要教育、医疗康复的跨专业整合，因此特殊教育学校实施医教结合，得到医疗部门专业团队的跨领域支持合作，才可突破教育瓶颈。区内两所特校与医院联手展开医教结合新模式的探索，建立起了一套教育与医疗康复紧密结合的有效运作模式，大大提升了特殊学校中特殊需要学生康复训练的成效以及学校教师"双师化"的培养进程。

搭建起完善的志愿服务团队可全面推进融合教育的发展，有效助力特殊教育。近年来大批有能力有爱心的社会志愿团体走进特殊学校，搭建以社会志愿者为中介的特殊教育社会服务保障体系，也为特殊学校的学生创造了更多的与健全人学习交往的机会，为特殊教育支持体系搭建更广阔的平台。

搭建融合支持保障体系有利于促进特殊学生的潜能领域的开发。特奥体育是特殊学校的一大品牌，区域内的特殊学校均积极推动，开发特奥运动项目，践行"勇敢尝试，争取胜利"的特奥精神之际，依托融合保障体系为特殊孩子们建立起一系列长期合作的融合伙伴，如世界羽协（羽毛球项目）、NBA及中国男篮（篮球项目）、中超联赛（足球项目）等，通过一系列共融活动，建立长效融合机制，大大促进了特殊孩子们的运动能力和自信心。

四、优化支持保障体系模式下的几点思考

1. 优化支持保障体系，需政府领衔、政策扶持

特殊教育的提质发展离不开政府的高度重视，支持保障体系应在政府主导，部门协同，以及多方参与的常态运作格局下构建，健全制度，政策扶持，加强管理，形成优化、全覆盖、顺畅的特殊教育支持保障体系，推进融合教育下公平优质的特殊教育。

2. 发挥资源教室的作用，切实落实个别化教育

应进一步树立大教育观，整个学校都可视作教育的场所，资源教室则可进一步发挥为特需学生实施个别化教育的基地作用，教育形式应该是多元化的。

3. 不断探索融合教育下的融合课程，真正实现意义上的融合

努力让各类残疾孩子都有机会到普通学校平等接受教育，是普及残疾儿童少年义务教育、实现教育公平目标、践行全纳教育理念的基本途径，是残疾儿童、少年更好地适应社会、融入社会的重要内容，是我国构建和谐社会、推进社会文明进步的重大举措。在随班就读规模不断扩大的同时，质量也要同步提升，探索融合教育下的融合课程是提升教育质量的关键，满足学生多样化学习需求，促进教学变革，让每个学生都能享受优质的教育，需要普特学校强强联手，走出坚定的第一步。

未来特殊教育的发展将以完善特殊教育体制机制为基础，提升特殊教育质量、促进教育公平为核心，不断优化和完善各项教育支持保障，搭建起十五年无缝衔接，乃至终身教育的高品质特殊教育服务体系，构建普特融合、学段完整、普职融通的特殊教育体系，从而探索出一套适合区域特殊教育整体质量提升的支持保障体系范本。

浅谈全方位支持理念下随班就读学生
学习共同体的构建

——以越秀区区域融合教育模式探索为例

　　特殊教育是为所有有特殊需要的儿童青少年提供的教育，是国家建设高质量教育体系的一个重要内容，更是体现国家社会文明进步的一个重要标志。2022年1月25日，国务院办公厅转发教育部等部门《"十四五"特殊教育发展提升行动计划》，指出要全面贯彻党的教育方针，落实立德树人的根本任务，推进融合教育，全面提高特殊教育质量，促进残疾儿童和青少年自尊、自信、自强、自立，实现其最大限度的发展。

　　随班就读是我国所特有的、规模最大的、能体现融合教育理念的特殊教育安置模式，从20世纪80年代起至今经历了30多年的发展。融合教育的发展具有渐进性，先是让特殊需要孩子进入班级，然后进行教育观念、教育环境、教学课程的调整等，逐步形成区域融合教育模式，提升融合教育质量。

　　越秀区作为教育强区，面对随班就读学生个案量大、分布广、师资专业化程度有限、资源教室未能充分发挥作用的现状，建立区域特殊教育联盟、特殊教育指导中心，同时组建智库作为高位引领，组织跨专业团队给予实践指导，不断完善区域融合教育布局。经过多年探索，越秀区构建了"多元化、全方位、立体式"DOT区域融合教育模式，包括多元化的课程体系、全方位的服务支持、多部门联合下立体式的运作架构，最终在特殊教育指导中心的指引下，构建一个善沟通、同分享、共担当、均受益的共赢学习共同体。

《"十四五"特殊教育发展提升行动计划》中的基本原则强调要尊重差异，多元融合，做到因材施教，让特殊和普通儿童、青少年在融合环境中相互理解和尊重，共同成长和进步；教育质量全面提升，课程教材体系进一步完善，教育模式更加多样。在文件指引下，在区域DOT融合教育模式架构下，结合多年的融合教育教学实践，下面就构建全方位支持体系下随班就读学生学习共同体，有效提高随班就读工作效能方面谈谈思路和做法。

近几年，随班就读的教育对象差异急剧增大，这就要求教育者要思考如何调整或改变传统的教育教学行为，从平衡性、动态性、共生性等角度去思考教育问题，同时，通过一系列的环境、班级文化场、班级管理模式、学科课程等的调整来满足差异性对象发展需要，构建良好生态化运行环境，促进随班就读教育教学质量的提升。

一、包容接纳尊重暖童心

随班就读学生（后面简称"随读生"）都是智商低于70或是领有残疾证的特殊儿童。他们从来到这个世界起就被打上了"特殊"的标签，他们被视为异类而被人们另眼相看，导致他们大多有颗"玻璃心"，"特殊"让他们变得易感、自卑、阴郁……当我们向他们投以关注的眼光与爱护时，稍不注意就会让他们觉得自己是接受别人同情的可怜人。作为随班就读教师，比普通教育工作者肩负更大的责任，想要教好这些随班就读学生首先要获得他们的信任，要暖化他们心中那一堵与外界隔绝的"冰冻"的心墙。要用一颗包容万物的心去接纳他们，真正公平公正地对待每一个学生，让随读生既特殊又不特殊，让他们自然和谐地融入班集体。教师要深入地了解随读生的家庭教育、身体状况、学习能力及起点、潜能与缺陷等多方面的情况，了解他们内心的需求，努力从物理环境、教学内容、课余生活、友谊联结、潜能展示等多方面给予调整与支持，让随读生深刻地感受到老师和同学们不但没有看不起他，同时还真正地接纳与尊重他，他在班集体中不是一个可有可无的多余的随班就读生，而是集体中的一分子，一样有自己存在的价值，有自己的优势潜能，有可以展示才华获得喝彩与掌声的平台。只有这样，用包容接纳尊重的做法，帮助随读生重建自尊、自信、自爱、自强的完整人格，才能帮他们打开走向光明的那扇门。

二、营造融合班级文化场

融合教育应该全校参与，是实施真教育的全过程。融合教育在学校班级里发生和成长，还涉及社会、家庭。要做好融合教育就必须做好社会倡导，做好家长培训，做好班级学生的正向思想引导，从而营造融合班级文化场。当文化场建构起来后，班风着重突出对融合的认同与追求，人与人之间以和为贵，互助尊重团结共进，班级中每一个人，包括教师、家长、普通学生、随读生都能获得成长，融合教育也就水到渠成了。文化场可通过开展一些有融合意识的班级活动来营造。

（一）正向宣导

随班就读班主任可以请区随班就读指导中心的专业督导来班里分别做教师、家长、学生专场的特殊教育通识介绍及科学普及，用多种方式向大家展示能反映障碍人士自强不息的故事等。班主任还可以多向全班同学介绍随读生的特点、需求及特长，例如，"小强（随读生）对声音很敏感，所以我们和他对话或进行活动时要注意控制好音量的大小；他很喜欢和同学们交朋友，但是还没完全掌握很好的互动方式，所以他突然拍你们一下，不是想欺负你，而是想和你打招呼或是想和你们玩，你们就要及时教他正确的交往方式。小强打乒乓球很厉害，有机会大家可以和他来场球赛……"。通过这样的正向介绍，能帮助普通学生更快更好地了解和接纳随读生。另外，班主任还可以有计划地开展融合教育培训及系列活动，如家长交流会，让随读生家长介绍自己的孩子情况，让家长们充分了解其特点，懂得如何引导自己的孩子用正确的方式与随读生互动；班主任还可以借助交流会及时解答家长们的疑问，排解不必要的忧虑，建立家长们互帮互助的良好关系，减少日后不必要的矛盾冲突。

（二）角色体验

随班就读班主任可设计一些角色互换的团康活动；可开展"如果我是×××我会怎么样"的主题讨论会，带领学生设身处地地感受一位障碍人士的苦恼，培养他们换位思考、包容理解等思维方式；班主任还可以开展"选择我的守护小使者"活动，让随读生自主选择他喜欢和接纳的同桌小伙伴，这样既培养了随读生自主选择的能力，同时也有利于随读生和小伙伴尽快建立友谊。

（三）社会实践

组织班上的学生和家长在全国助残日到社区或公共场所参加志愿服务；到老人院、儿童福利院为有需要的老人和孩子服务；开展社会调查，了解公共环境及交通设施中有哪些无障碍设备及支持系统，调查存在的问题并提出改善的建议等。在老师的引导下，有计划、有主题、持续性地开展社会实践活动，营造出良好的班级融合教育文化场。

三、构建融合班级管理网

融合教育班级管理是为了让随读生和普通学生共生共存，建立和谐互动、共享共进步的团队，以此目标搭建起的管理网是为了让每一个人都一起进步。管理网主要从以下三个维度去构建。

1. 融合班级的环境和气氛管理

融合班级应该以最少限制和无障碍环境建设为原则，注重环境的安全、卫生和健康。班主任要根据随读生的实际情况及障碍程度来给他安排座位，一般情况下尽量把随读生安排在靠近教师讲台的座位上，但如果该生有行动障碍，就最好安排在过道旁的位置，便于助行器的放置。随读生周围的邻桌同学尽量选择热心、耐心、能力强的学生，便于在日常生活和学习中给随读生提供帮助。班主任对于班内热心帮助随读生的好人好事要及时大力地表扬，形成"我以助人为荣"的良好融合班风；同时还可以在课堂活动中配合加分制度，这样可以提升学生参与课堂学习的积极性，也可以帮助学生遵守规范。例如，有小使者的那一组如果能帮助随读生完成老师指定的学习任务，可以多加五分；帮助随读生的小使者可以获得荣誉小红花等，加分制度与规则可以根据本班随读生的实际情况及教育教学活动需要来制定，这样有利于形成团结互助、积极进取的良好班级氛围。

2. 融合班级的常规管理

融合班级的管理常规需预先制定，制定的常规要可操作可观察。在日常的教育教学活动过程中，要严格执行，不随便更改，不随便破例，奖惩要分明，要有示范作用，同时要获得家长的配合与支持。对于随读生要配备多个热心小伙伴协同帮助与示范，这样有利于其行为规范的建立。作为全班学生必须遵守的规则要让随读生在充分理解的基础上尽量遵守并逐步形成行为习惯，使其尽量保持与全班同学步伐一致；同时班主任还要根据随读生的实际情况来制定满足其特殊教育需求的个别化班级管理制度，为其提供可转换或调节的时空。

3. 融合班级的人际关系管理

师生们在充分了解和完全接纳随读生的基础上，才能进一步发展出支持的技巧以及建立良好的友谊。融合班的班主任要注意协调好全班同学与随读生的关系，因为随读生易感自卑，最担心被排斥、孤立和欺负。对于普通学生要多做正面教育，形成包容接纳、团结互助的良好班风；对于随读生就要进行遵守常规、自律、正确与人交往的教育行为训练，以实现所有学生的融洽和谐。另外，班主任还要做好普通学生家长的工作，排除他们对随读生及其家长的各种误解与矛盾，主动做好家长们互动沟通的引路人，形成良好的家校合作关系，融合班级向好的势态发展。

四、打造多元动态教学模式重实效

一个学习共同体是由全班学生组合而成的，教师在教学过程中会对学习共同体提出要求共同遵守的学习常规，但随读生是学习共同体中的特殊个体，他因个体差异而无法很好地按照常规要求来完成学习任务，所以需要多元化的课程和教学策略，以便满足其需求，提升其学习效率。

（一）实施全方位课程设计

在融合教育中，我们应实施多元化的课程设计。区域DOT融合教育模式中，构建了"阳光少儿"融合教育课程，其中包括学科课程以及辅助类课程。学科类课程在现有普通小学的学科课程基础上发展而来。在执行课程调整的时候尽量保持普通教育课程的架构，依据普通教育课程的标准对课程目标、内容进行分解、细化和处理；根据对随班就读学生的学业评估的结果，利用简化、替代、补救等方式来对其学科课程进行调整。现今在普校随班就读的学生的学业水平主要分为以下三类。

（1）低于一年级的学业水平，无法跟进普通教育的学科课程的学习。

（2）落后于就读年级的学业水平，需选择调整课程来进行学习。

（3）略低于就读年级的学业水平，用相同课程调整学习内容后跟进学习。

根据这三类的随班就读学生的学业水平及学习能力，我们进行相应的学科课程调整。调整后的学科课程分为以下三种类型。

（1）替代课程：为特殊学生另设的课程，以尽可能实现特殊学生在普通教育课过程中无法满足的需求。

（2）调整课程：通过分析特殊学生的能力水平与需求，调整普通教育课程，使之能参与教学活动。

（3）相同课程：未经过调整的课程，基本上与普通教育课程相同。

随班就读课程调整框架如下。

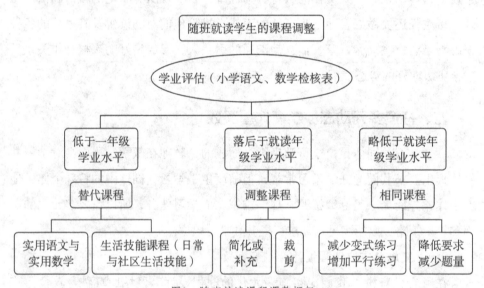

图1　随班就读课程调整框架

以下是笔者根据随班就读学生个别化教育需求做学科课程调整的范例（表1）。

首先，对个案进行基本评估，经韦氏智力测试第四版检测，全量表智商为69。然后使用小学语文的学科能力检核表进行检核，发现其语文学业水平均低于一年级的水平，再用广州市越秀区启智学校《实用语文》《实用数学》评估，根据评估后的情况来为其设计语文和数学的个别化教育目标。

表1　语文评估结果和个别化教育目标

领域	优势	弱势	目标
听	能听懂并回应5个字以内的、生活中的常见指令；能回应常见的名词，动词，方位词；能回应类似"这是什么"的疑问句	不能回应简单的"是不是"的问句以及更复杂的疑问句；不能理解两步的指令；对于简单的形容词理解能力有待提升	1.1能回应"拿某某不拿某某"的指令 1.2能回应"是不是"的疑问句 1.3能听写单字
说	在团体中能回应简单的沟通，能说生活中常见的简单句，能仿说十个字以内的句子	主动发起沟通的意识较弱；会话较难维持两个回合以上	2.1看图，能用固定的句式说出图上有什么，谁在做什么 2.2能用完整句说出生活物品的功能 2.3能用完整句说出水果的特征
读	能指认所描述的图片或者图画，也能认读名字以及简单的常见字词	不能理解字词的简单含义，读常见的短句有困难	3.1能将字词与相应的物品配对 3.2能将动宾短语与相应的图片配对
写	能握笔并能抄写简单的字	写字时候笔画顺序不标准	4.1能按照笔画顺抄写

在本学期语文个别化教育目标的基础上，统整安排本学期语文教学，设计每节课教学目标以及教学活动、课后作业。

以一节课为例，教学目标是，看图能用固定的句式说出图上有什么；能将字词与相应的物品配对；能按照笔画顺序抄写生字。设计思路：①让学生看着"葡萄、香蕉、草莓"的图片，对老师说出的三个"是不是"的疑问句（这是不是葡萄？这是不是香蕉？这是不是草莓？）做出回应，并在相应答案的括号中画"√"；②让学生看三种不同水果的图片，用"图上有____。"的句式说出图片上画有什么水果；③让学生把图片上的物品与图片上的实物做连线配对；④让学生按照笔画顺序描写汉字。根据本节课的教学内容，我们设计了以下课上教材。

1. 说一说：用"图上有_____"说一说

2. 说一说：请回答老师的问题，在相应答案的括号中画"√"

这是不是葡萄？ 是（　　）不是（　　）	这是不是香蕉？ 是（　　）不是（　　）	这是不是草莓？ 是（　　）不是（　　）

这是不是葡萄？ 是（　　）不是（　　）	这是不是香蕉？ 是（　　）不是（　　）	这是不是草莓？ 是（　　）不是（　　）

这是不是葡萄？ 是（　　）不是（　　）	这是不是香蕉？ 是（　　）不是（　　）	这是不是草莓？ 是（　　）不是（　　）

3. 连一连

○	○	○

| 草莓 | 葡萄 | 香蕉 |

4. 写一写，请按照笔画顺序写下面的汉字

香： ノ 一 丨 ノ 乀 丨 コ 一 一

草： 一 丨 丨 丨 コ 一 一 一 丨

（二）构建多元动态教学模式

普通教育中集体教学是主流，在组织教学过程中，让随读生加入学习共同体与普通学生互动合作学习，体现共生性。由于随读生的个体差异，对集体教学的内容难以"消化"，教师可以在课前为随读生提供课堂教学要掌握的内容清单，并在教学过程中及时指导其适宜的学习策略，同时利用同桌小伙伴的助力来帮助其完成学习内容，这个举措同时促进了小伙伴对知识的学习消化与巩固，达到双赢。更为重要的是在集体教学后，还应该对随读生进行个别辅导，实施差异教学。个别辅导课程的内容可根据随读生的实际情况来制定，可以由学科老师课外补充，也可以由学校的资源老师为其辅导。如果随读生还有特殊干预的需求的话，就需要请专业人员在资源教室提供相关的矫治康复适应训练。这种集体教学加个别辅导及特殊干预的多元动态教学模式能有效提升随读生的学习效率。

实践证明，每个随读生都有着不可估量的巨大潜能，他们也像普通学生一样渴望被关注被鼓励，更渴望成功与快乐。在区域DOT融合教育模式下，通过全方位支持，为其构建良好的学习共同体，既能帮助他们提升学习效率、增强自信，还能促进他们与人互动、提升社会适应能力，为他们将来更好地融入并适应社会打下坚实的基础，更让共同体的每个成员感悟到助人即助己，互助才能共赢！

构建区域融合教育支持保障体系

随着融合教育逐步向高质量发展，越来越多的普通学校与特殊教育学校紧密联结起来。其中，不断优化和完善融合教育的支持保障体系，是推动融合教育一体化建设的重要环节。多年来，广东省广州市越秀区在普通学校设立特教融合班，建构起区域性随班就读的融合教育安置模式。

一、双重支持，打造教师发展保障体系

高质量融合教育的良好开展建立在普通教育学校和特殊学校健康发展的基础上。随着融合教育概念普及程度的提高，特殊儿童随班就读的情况更加常见。然而，面对特殊教育的专业问题，普通学校的部分教师尚缺乏相关专业知识积累，加之特殊教育师资短缺，普特融合的教师发展问题愈加明显。因此，开展高质量的普特融合教育，需从学校层面加强师资融合，让普通学校和特殊教育学校教师通过教研等方式增强交流合作、相互促进。同时，所在区域的随班就读指导中心也应为普通学校教师提供相关支持，对特殊学生评估后进行教育安置并实施双学籍管理，系统化、持续化地预防和干预特殊学生的行为问题，为残障学生提供个别化的辅具支持。

二、专家引领，完善专家决策保障体系

高质量融合教育的开展有赖于教育决策的正确指引。当前，我国教育正处于促进公平、提高质量、加快现代化发展的关键阶段，融合教育一体化机制改革仍具有复杂性和艰巨性。组建专家智库，完善专家决策保障体系，能加快区域一体化融合教育智库建设，并以此为依据科学解读教育决策，引领融合教育

加速进步，促进区域一体化融合教育高质量发展。为此，学校可加强专家智库建设，吸纳高校学者、医学研究者、特殊教育学校校长等专家，为推动融合教育发展决策提供资源保障。

三、联结社会，构建多元社会服务保障体系

高质量融合教育的开展离不开社会各界的关心和支持。融合教育社会服务保障体系的构建，需要医教结合、社会志愿服务等多种支持方式。第一，除教育需求外，特殊学生还需要相关医疗支持。特殊教育学校可与医院联手，探索并建立一套教育与医疗康复紧密结合的高效运作模式。第二，特殊学生有融入社会的需要，学校可号召有能力、有爱心的社会志愿团体为他们创造丰富多彩的活动，丰富他们的社会经验，搭建校园与社会的桥梁。第三，特殊学生需要展示自我的平台。以笔者所在的学校为例，我们可与社区合作打造"特奥体育"品牌，通过羽毛球比赛、职业篮球赛、超级联赛等活动开发特殊学生的体育潜能，增强他们的运动能力及自信心。

优化和完善融合教育的支持保障体系，能够推动当前一体化教育发展，使相关组织单位简化流程、精准投入，最大限度地发挥普特融合的作用。当前，教师发展保障体系、专家决策发展保障体系、多元社会服务保障体系的全方位构建，可以更好地满足特殊学生多样化的学习需求，推动越秀区的融合教育改革。《"十四五"特殊教育发展提升行动计划》中提出，到2025年，初步建立高质量特殊教育体系，教育质量全面提升，课程教材体系进一步完善，教育模式更加多样，课程教学改革不断深化，融合教育全面推进。未来，学校将继续优化区域融合教育支持保障体系，充分发挥资源教室的作用，努力让每个学生都享受到高质量教育。

第二章

区域融合教育的实施运作

　　在上一章节中，我们介绍了基于越秀区特殊教育指导中心在融合教育领域中十年的探索经验构建的"融合教育三级生态支持模式"。本章节中，我们重点从"多元化""全方位""立体式"三方面对此模式进行具体阐述。其中实施方案从总体描述思路和架构，确保实施过程中是"立体式"运作，以统筹各部门资源，依据需求提供支持和保障；而"支持"作为融合教育实施过程中的核心词汇，目的是"让每个生命都能享有公平的有质量的教育"，这样的教育就是让每个生命都有出彩的机会、出彩的能力，进而拥有出彩的人生。

"多元化、全方位、立体式"DOT区域融合教育实施方案

融合教育是让残疾儿童少年融入正常学生的班级、学校、社区环境，参加学习和社会生活的一种教育形式，是教育事业的重要组成部分，是建设高质量教育体系的重要内容，也是衡量社会文明的重要标志。

为了贯彻"努力让每个孩子都能享有公平而有质量的教育"的指示，实现"办好特殊教育"的目标，完成新时代赋予的提升特殊教育质量的任务，依据《国家中长期教育改革和发展规划纲要（2010—2020年）》《残疾人教育条例》《第二期特殊教提升计划（2017—2020年）》《广东省第二期特殊教育提升计划（2017—2020年）》等文件精神，按照国家对于特殊教育的整体部署，越秀区将推动融合教育作为基础教育发展的重要目标之一。

近年来，越秀区立足本区域教育发展及特殊教育基础，整合教育资源、优化入学安置，推动区内特殊教育学校功能转型，以"多元化、全方位、立体式"DOT区域融合教育实施方案，实现区域融合教育高质量发展。

一、指导思想

以习近平新时代中国特色社会主义思想为指导，深入贯彻落实党的十九大全会精神，全面贯彻党的教育方针，培养"德智体美劳"的新时代少年。落实"适宜、融合"的目标，加快健全区域融合教育体系，拓展学段服务和扩大服务对象以及细化服务项目，不断完善融合教育保障机制，努力打造区域大融合的人文和教育环境，促进越秀区融合教育的现代化发展。

二、现状分析

（一）基本情况

（1）特殊教育学校实现两头延伸。为区域内残障儿童少年提供学前教育、九年义务教育、职业高中等十五年免费教育。2008年启智学校开设职业高中部，2013年开设学前部，是国内最早完成向两端延伸的特殊教育学校之一。

（2）区域已形成四种安置方式。以特殊教育学校为骨干，以普通教育学校（幼儿园）为主体、以职业高中特教班和送教上门为补充，四种安置方式基本能满足残疾儿童、少年的教育需求，家长对于安置形式满意度较高。

（3）区域最早开展融合教育的探索和服务。随着特殊教育的发展，启智学校承担了融合教育相关的工作，1994年起，启智学校被授予"广州市弱智儿童综合智力检测中心""广东省特殊儿童随班就读指导中心""广州市特殊儿童随班就读指导中心"等称号，积累了较多的研究基础；至2018年，为全市普通学校、幼儿园提供4000多次智测、3000多次巡回指导，提供积极行为支持150余次。

（4）区域已完成资源教室基本布局。小学分为6个学片，共10间资源教室；幼儿园分为11片，有3间资源教室。目前实现了每学片有一所资源教室，且均已经投入使用，同时配备了三名专业资源教师，为全面推进融合教育提供了保障。

（5）区域内较系统地开展了融合教育探索。2013—2018年，越秀区启智学校规划和参与广州市区域融合教育项目"融爱行"，派遣18名老师先后为市内41名个案提供长期的巡回督导服务，同时为区内8所有需求的学校构建积极行为支持环境，同时储备了一批高专业水平的教师队伍。区内有1名特殊教育教研员、23名巡回督导教师，省名校长工作室1个、市名教师工作室2个，省内名师1名、市区骨干教师22名、区名师4名、教坛新秀11名，这批骨干名师在专业上将发挥辐射引领和带动作用。

（6）医教结合品牌助力康复提质。启智学校充分整合医学和教育资源，成功构建智力障碍、脑瘫、孤独症三大障碍类型教学体系，于2011年被授予第一批"全国医教结合试验基地"称号。启智学校与多家医院开展长期、系统的合作，在评估、康复手段方面积累了大量经验，为融合教育中疑难问题的解决奠定了基础。

（二）存在的问题

（1）各部门的合作和统筹规划不足。教育行政部门和特殊教育学校对融合教育均开展了不同的教育研究，也有一定的实践经验，但缺乏对支持模式的建立、运作等的追踪研究。同时，特殊教育学校大多独立开展工作，缺少多方位的合作和统整资源，整体运作效能不足。

（2）工作机制尚不健全。在融合教育实施过程中，各部门工作机制不健全、职责不清晰、具体工作流程不明了，对任课及指导教师指导规划性不足等问题突显，造成工作实效性不足，影响融合教育的提升。

（3）普通学校特殊儿童少年个案量大。越秀区是首批教育强区，特殊教育起步较早，发展较快，融合教育一直走在全国的前列。据最新数据统计，区域内中小学段随班就读的学生达到243人（还未计大量临界生和情绪行为问题学生），且呈逐年递增的趋势，对普通教育造成很大压力。

（4）特殊需要学生障碍类型呈现多样化。依据《关于加强广州市残疾儿童少年随班就读工作管理的若干意见》文件要求，对视力障碍、听力障碍、智障、肢体障碍、脑瘫、自闭症和多重障碍等学生给予随班就读资格，但在普通学校中原本就存在着大量其他障碍学生如注意过动障碍、学习障碍、精神类障碍等，也严重影响教育教学的开展。

（5）区域融合教育服务支持不足。目前，全区共有243名随班就读学生，分布在79所中小学中，区域建设完成的资源教室有10间，专职资源教师3人，兼职进行巡回督导等工作的教师有18名。由于资源教室和资源教师、巡回督导教师配备不足，造成随班就读学生的支持力度不够，整体融合教育质量不佳。

（6）融合教育工作缺乏政策支持。中心尚未配备专职的工作人员，巡回督导教师均为兼职。由于人员的缺乏，工作全面展开力度不足，尚未形成规范化的服务制度和运作流程。

（7）残疾儿童、少年安置形式融合度不足。特殊教育学和普通学校间尚未形成顺畅的转介安置和对接机制，学生在普校和特校间的转换，以及幼小衔接、小学和中学、职业学校衔接，及后期跟踪、个案指导等尚未形成具体的工作制度和流程。缺乏普特学校之间的交流平台，造成普特学生之间的融合较多为物理空间的融合，社会和心理的融合度不足。

（8）针对提升融合教育教师专业能力的培训力度不足，前期以理论培训为主，个案研讨、针对共性问题的实践性操作培训不足。在现有的教育环境中，普通学校教师对于残疾儿童、少年有一定的认识，可以接纳学生，但是在实际问题的解决上，如课程调整、课堂纪律维持、行为问题的处理等方面存在较大困难，导致教学质量受影响。

三、理念与方法

（一）理念

（1）协调发展的理念。由政府主导，加强统筹规划和保障能力，统筹各方面资源，协调处理普通学校、特殊学校、指导中心、教育研究院等之间的关系，补短板，解决整体发展不平衡的问题，增强发展的整体性。

（2）创新发展的理念。在现有条件基础上，进行制度、机制、课程、资源等创新，建设适合本区域发展的融合教育格局。

（3）公平服务的理念。实现教育和社会资源的共享，切实推进建设残疾儿童、少年融入社会的保障机制，给予最少限制的环境，实现其共同发展、共同享有教育成果，让每一名残疾儿童、青少年都有人生出彩机会。

（4）全人发展的理念。构建五育并举的融合教育课程，通过多样化的平台，依据生涯规划，补偿缺陷能力，发展其潜能，注重其适应性和基础能力的发展。

（5）个别化教育的理念。尊重每个儿童、少年的身心发展特点、发展规律和个体差异，做到因材施教，提供最适宜的教育，让每个儿童、少年都能在互动中学有所得，玩有所长，活有所乐。

（二）方法

（1）文献法：梳理国内外融合教育发展现状、区域性融合教育实施方案等，确定融合教育实施过程中的难点问题以及常用的解决方法，在前期科研基础上，形成基于区域特色的可行性融合教育方案。

（2）调查法：在研究初期，通过问卷调查和个别访谈的形式，对区内特殊教育学校转型的模式、随班就读开展学校进行调查，掌握当前运作的实际情况。

（3）访谈法：对各类机构、学校以及各类人员进行访谈，积累现今融合教育模式的构建与运作的经验，为DOT区域融合教育模式的构建提供支持；研究中后期，对参与模式运作的学校、中心或相关部分人员进行访谈，了解该模式的成效并进行反思。

（4）行动研究法：运用行动研究法探究资源包、课程架构等运作支持的有效性；创设并试行相应的资源包、课程架构，搜集应用者的反馈，对其进行进一步的修正及完善。

（5）个案研究法：通过个案研究，对区域内普通学校环境建设、融合教育运作或特殊需要学生的课程支持、行为改善、辅具应用等情况的变化进行长期追踪，从而研究发展变化的全过程，以期了解"DOT"模式运作下区域内融合教育质量的变化。

（6）总结反思法：在课程研究过程中，不断反思，形成文字性研究报告，按期完成阶段性目标，最后总结成课题集。

四、研究目标

（一）总体目标

以"在优化中提升融合教育质量"为目标，从创新平台、教育公平、科学教育三方面，联动多部门开展工作，进一步整合区域教育资源，合理布局和分配，构建普特结合、学段完整、普职通融、医教结合的特殊教育服务体系，构建"多元化、全方位、立体式"的DOT区域融合教育模式。

（二）具体目标

1. 立体式融合支持体系的建立

开展"多元化、全方位、立体式"DOT区域融合教育模式探索，建立起立体式多部门合作机制，建构多元化融合教育课程，开发全方位的教学资源库，多维度支持融合教育发展，提升融合教育质量。立体式支持体系的建立可优化特殊教育资源，促进部门间资源共享和调整、构建学校融合环境、调整教师课程和教学、提升家长养育能力等，为区域十五年普特融合的优质服务提供支持。

2. 动态化双向融合机制的建立

在区特殊教育专家委员会的支持下，对残疾儿童、少年开展安置评估，为其提供适宜的安置方式，并对安置情况进行跟踪，当出现波动或不适宜现象时，要进行及时调整，使普特生之间的流动更加科学和顺畅。同时，针对能力好的特殊学生，可以通过活动融合、部分课程融合，使其逐步适应普通学校的学习环境，为其接受融合教育提供机会。通过多种形式的交流活动，促使普通学生了解残疾儿童、少年，提高接纳度。

3. 阶梯式融合教育培训体系的建立

针对融合教育所涉及的人群，开展具有梯度的、指向性强的系统培训。培训对象包括特殊教育主管行政和普校校长、资源教师、巡回督导老师、普通班级学科教师、家长以及普特学生。以阶梯式、分层分类的专项培训，提升普通学校对特殊孩子的接纳和支持度，及教师的融合教育理念，促进教师教学方法、策略的掌握，提高家长的接纳度和养育能力及特殊学生自身基础能力，提高同伴的理解和协助能力。

4. 标准化服务流程和管理机制的建立

健全指导中心的职能，为普校特殊需要儿童、少年提供专业的支持和服务；服务内容和流程标准化，让接受服务的单位和个人更加清晰明了，提升服务效能。制定指导中心各部门的内部管理和运作机制，使人员分工明确，工作开展有序，内部管理规范，推动指导中心运作的标准化。规范化的管理，可以促进指导中心高效、优质、低耗地运作，提升竞争力，同时使经验具有可复制性和易推广性。

5. 全人发展式学生评价体系的建立

针对融合教育对象的能力以及特征，结合五育并举的育人理念，对融合教育效果进行评价。评价应基于促进学生成长、体现学生价值，从"德智体美劳"多方面展开。以全人发展为指向，除对学生学习能力进行评价之外，更要关注学生在品德方面、艺术体能、劳动能力的发展，以增强特殊需要学生自信，帮助特殊需要的学生成就同样精彩的人生。

6. 多元化融合教育课程的建立

区域融合教育课程是基于"让每一个学生全面发展"的需要，以"五育并举"综合育人为目标，面向全体特需学生、面向特需学生发展各个方面、面向特需学生发展的整个过程的教育。课程包括学科课程、适应性课程以及康复补偿课程。以普通学校和特殊教育学校的课程标准以依据，五育培育思想贯穿全课程，既注重缺陷补偿，也注重潜能发挥，努力培养特需学生掌握三个"一"，即一项运动技能、一项劳动技能、一项休闲娱乐技能。

五、具体措施

（一）成立联盟，立体式运作体系协同支持

为促进越秀区特殊教育的发展，由越秀区教育局牵头，整合现有特殊教育资源，成立了越秀区特殊教育联盟（以下简称"联盟"）。联盟由越秀区教育行政部门负责行政管理，越秀区教育发展中心提供教科培支持，越秀区启智学校为龙头引领，特殊教育指导中心、越秀区特殊教育智库、跨专业团队、联盟成员（包括区内特殊教育学校、有资源教室和特殊教育班的学校和幼儿园等）协同运作（图1）。

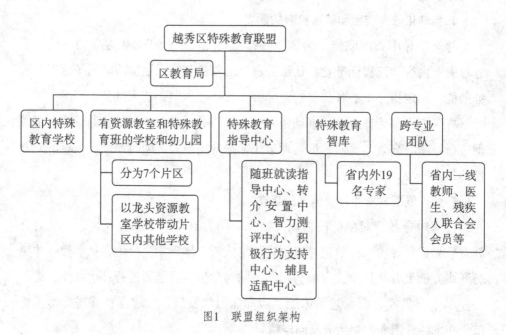

图1　联盟组织架构

四级立体式运作体系由越秀区教育行政部门领导，指导中心统筹，国内特殊教育智库和跨专业人士为专家团队，特殊教育学校骨干教师为巡回指导团

队，各学科教师为一线教学团队（图2）。各部门、团队各司其职，发挥强大的功能作用，打破局限性，弥补了当前区域内特殊教育发展缺乏合作的不足。通过立体式支持保障，优化配置区内特殊教育资源，促进特殊教育师资队伍专业发展，提升特殊教育教学质量。

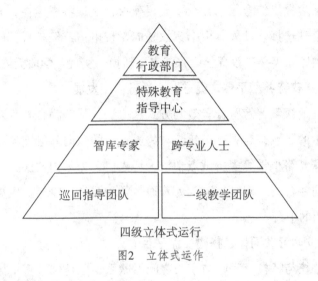

图2　立体式运作

（二）建立服务数据库，促进合作常态化

针对残疾儿童少年以及其家庭，不同政府部门有相应的支持政策，应建立系统的服务数据库，以便更好地实施精准康复，使服务更加具有针对性和全面性。同时，综合信息的提供，不仅节约了特殊需要儿童和家庭获取服务的时间，提高了服务效率，同时也为改善各部门的服务内容，让支持更加有针对性提供了依据。

（三）成立转介安置中心，为特殊需要学生提供适宜性安置建议

在特殊教育专家委员会的指导下，转介安置中心对有需求的学生进行综合性的评估后出具安置意见，并联动跨专业专家给予家长建议。

中心还会提前为需要转介安置的学生制订转衔计划，使其提前做好准备，为其参与不同阶段的生活和学习提供支持以及为期一年的跟踪服务，确保安置的适宜性。建立常态的流动机制，对于在普通学校中不适应的学生，提供为期一个月的支持，提升其学习和适应能力，改善其学习环境。为有需求、有能力部分时间段进入普通学校的特殊教育学生，提供阶段性适应计划，通过参与融合活动，部分时间段参与音乐、美术课，部分时间段参与语文和数学课，使其逐步融入普通学校的生活和学习环境中。转介安置中心的服务，促进学生在普特学校间的流动。

每年4月，转介安置中心都会对区域内特需生家长进行政策宣导及安置选择培训，对特需生提供综合评估，给予安置建议，实现特需生在普通学校和特殊学校之间的合理选择。此外，由个案家长向学校申请，经教育部门批准，由转介安置中心主导九年义务教育学段普特安置转换，实现全学段无缝对接。

（四）搭建普特共融平台，促进融合教育内涵发展

为了更好地探索普特融合有效的方式和方法，了解融合教育对普校学生、特殊需求学生的影响，越秀区搭建起"秀霓虹"的双向共融交流平台。以农林下路小学、珠光路小学等多所试点学校为切入口，为区内残疾儿童、少年搭建一条普特双向融合的"双彩虹"，为普通教师和儿童、少年提供更深入了解残疾儿童、少年的平台。

（五）建立学习共同体，搭建交流平台

为加强普校与特校、教师与家长之间的联系，区特殊教育指导中心牵头搭建起两个教研平台，打造学习共同体。

一是"云聚慧"教研平台，针对行政主管、资源教师、随班就读教师三类人群分别开展线上教研，时间为每周四下午四点二十到五点二十，既有文件学习，也有班级管理小策略等实操性强的内容，分层分类培训，适合普校教师的专业化提升。

二是建立"家动力"交流平台，针对残疾儿童、少年的家长和普通孩子的家长开展融合教育培训。内容既包括对特殊需求人群的认识，也包括如何指引普特儿相处。还针对残疾儿童、少年的家长开展包括如何接纳孩子、如何进行家庭教育，如何与学校科学沟通等方面的培训。

通过"云聚慧"和"家动力"两个交流平台，将区域融合教育理念、政策、资源等进行宣导，为建立一支专业性强、具有科学育儿观的融合教育队伍提供了保障，同时也为深入打造大融合环境提供机会。

（六）构建融合课程，使教育有所依

为解决随班就读的学生学什么，老师教什么的问题，由指导中心牵头，构建"阳光少儿"融合教育课程，课程分为学科学习课程和补充训练课程。该课程从"五育"出发，依据特殊需要学生的生涯规划，补偿其不足、提升其优势，促使其综合发展。

通过课程的评估，可以了解特需学生的学业水平以及学习能力表现，为普通学校的教师提供教学的评估、目标、内容，教学的方法和策略以及课堂练习材料，让教师知道"教什么"。通过教师教学目标、内容、教材的调整以及辅助训练的提供，让特需学生不仅能上课"学进去"，同时也能在美术、音乐、体育、劳动、学校适应方面有所得，实现全面发展。"阳光少儿"融合课程，不仅可精准了解特需学生的能力表现，还能为其提供相应的教学资源和培训，有助于突破随班就读学生教育的瓶颈。

在课程实施过程中，以指导中心为引擎，联合区教育、教研部门和普通学校，借助"云聚慧""家动力""秀霓虹"平台，优化教师融合教育素养、家长养育能力、学生融合度，保障融合教育的实施。

（七）开发多元化教学资源包，提升教育效果

基于让每一个学生全面发展的需要，教育要有针对性，包括有针对性的教材、教学方法和策略，学生也需要有针对性的学习目标和资源。构建多元化的学习资源包，为教师提供可参考的教学方法和策略，为家长和学生提供针对不同技能的学习方法，支持学生参与多样化的课程。资源包是基于需求的、开放式的，会根据教育过程中遇到的问题，不断增加资源。同时，资源包应能促进教师在课程、活动当中创造多元化机会，增加学生与同伴交流、与社会和世界互动的机会，提升其社交礼仪，增强其自信，促进其全人发展。

（八）建立行业标准，促进运作服务规范化

为保障残疾儿童的受教育权益，引领特殊教育普适公平，促进特殊教育内涵发展，提高越秀区特殊教育质量，区特教指导中心在省标准化研究院和教育部门的指导下，制定了两项行业运作标准。

一是《残疾儿童少年义务教育阶段随班就读服务规范》。遵循适性发展原则、可操作性原则、突出公益服务原则，从"随班就读"的定义和服务遵循的原则、随班就读服务内容以及服务要求、保障机制等方面进行了阐述，对于融合教育中的随班就读服务提供了可借鉴的标准，同时也是评价随班就读质量的一个重要依据。

二是《特殊教育教师专业要求》。教师作为融合教育的主要践行者，其专业水平高低决定着融合教育质量的优劣。为引领特殊教育教师专业成长，促进特殊教育发展，提高越秀区特殊教育质量，区特殊教育指导中心编制《特殊教育教师专业要求》，该标准的制定对提高广州特殊教育教师队伍的专业水平具有积极意义。

（九）加强规范化运作，提升随班就读指导中心运作效能

基于各地资源中心的发展现状以及困境的调查研究、区域融合教育现状，及前期指导中心所开展的实践研究，建立了随班就读指导中心的内部规范化建设——"修内功"。"修内功"主要是深化指导中心的内涵，通过规范化的管理制度、操作流程、服务项目等来实现（图3）。规范化管理包括建立规章制度、明确职能、考勤管理、场地和资源管理、人员架构和各部门工作职责、工作流程、工作进度安排以及各项工作指引等方面。内部运作规范化流程的建立，能够促进随班就读指导中心运作规范化，提升随班就读指导中心的运作效能，为融合教育提供强有力的支持。

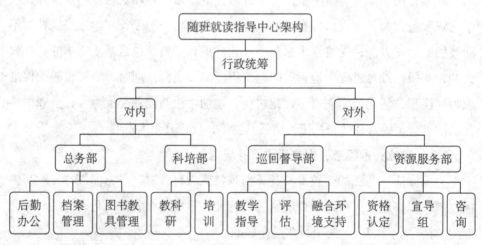

图3　越秀区随班就读指导中心

六、机制保障

1. 加强组织领导

加强党对特殊教育工作的全面领导，各部门要提高政治站位，坚持人民立场，将办好特殊教育纳入重要议事日程，坚决落实各项方针政策，统筹安排，合理配置各项资源，确保各项目标任务落到实处。

2. 健全工作机制

完善多方联动、立体式的推进机制，明确教育、民政、财政、卫健、残联等部门的工作职责，形成工作合力。加强科研部门、高校、特殊教育学校、普通学校、训练机构等协同的专业支撑工作机制，每月一次例会，营造良好、共赢的融合教育环境。

3. 强化督导和评估

区教育部门、科研指导部门要履行和落实督导职责，切实加强对融合教育发展计划实施情况的指导和评估，将落实情况纳入单位绩效考核，确保方案有效实施。

4. 加强教师队伍建设

真正落实特殊教育教师津贴标准，保障特殊教育教师待遇。普通学校（幼儿园）在绩效工资分配中对直接承担残疾学生教育教学工作的教师给予适当倾斜。教师职称评聘和表彰奖励也应向特殊教育教师倾斜。将民办学校、残疾儿童康复机构等机构中依法取得相应教师资格的特殊教育教师，纳入特殊教育教师培训、职称评聘、表彰奖励范围。加强师资队伍的培训，应根据实际需求，优化普通学校和特殊学校、指导中心教师专业结构，注重培养适应特殊教育需要，具有小学、初中学科教育能力、康复技能的特殊教育师资队伍。

5. 发挥科研引领

区教育发展中心加强一线教师课题研究指导，用课题引领问题解决、提高课题申请数量，并做好成果转化。充分发挥智库专家的引领作用，提倡高校、科研部门、指导中心和普通学校、特殊学校等多单位联合，形成从理论指导到实践操作、提炼成果的工作路径。

七、实施效果

经过前期的探索，在实施全方位、立体式、多元化的融合教育实施方案后，越秀区特殊教育中心功能明确，运行机制良好，各中心独立运作又互相支持，越秀区融合教育有了明显的发展，指导中心也被广东省教育厅评为"广东省首批优质特殊教育资源（指导）中心"。

目前，区内特殊教育资源布局完成，拥有公办特殊教育学校1所，在读学生397人，特教专职教师178人；义务教育阶段随班就读学生244人（小学44所167人，初中24所77人）；学前融合教育试点园3所（市一幼、市二幼、麓景幼）；启智学校开设学前部混龄班1个、职高班7个；全区特教资源教室34个（学前11个，小学23个），编内资源教师23人。

按照"全覆盖、零拒绝"的要求，确保户籍适龄特殊儿童、少年100%接受义务教育，提前落实残疾学生15年免费教育。越秀区已形成以公办特殊教育学校为骨干，以普通学校随班就读、运用资源教室为主体，以送教上门和远程教育为辅助，向学前、中职两头延伸的特殊教育格局。

（一）成立特殊教育联盟

2019年12月，区教育局联合区各政府部门、区内19所普通学校以及医疗部门、残疾人联合会等组建区特殊教育联盟。联盟在越秀区教育行政部门管理下、各领域专家和专业人士的高位指导下、越秀区教育发展中心教科培的支持下，以越秀区启智学校为龙头、以区幼儿园和普校为主阵地，以资源教室为抓手，优化区内资源，助力特殊教育发展。联盟负有优化配置区内特殊教育资源，促进特殊教育师资队伍专业发展，提升15年特殊教育教学质量等职能，为我区特殊教育提供全方位支持，致力于把我区打造成为"特殊教育领航者"。

（二）建立特殊教育智库

为了贯彻《残疾人教育条例》精神，落实国家、省、市特殊教育相关文件要求，建立特殊教育行政主导和专家支持相结合的工作机制，于2021年成立越秀区特殊教育智库。智库对特殊教育发展情况开展调研与指导，为特殊儿童、少年个别化教育计划方案制定、课程设置及审核、资源中心运作等提供咨询、理论指导和决策建议，为越秀区特殊教育发展提供优化方案。智库包括高校特殊教育专家、儿童发展领域医生，残疾人联合会和教育研究院、指导中心的专业人士等19人。

（三）中心下设五大中心

2019年，越秀区整合原有的融合教育资源，成立特殊教育指导中心。指导中心下设五大职能中心，包括随班就读指导中心、转介安置中心、智力检测中心、积极行为支持中心、辅具适配中心，五大中心共同促进区特殊教育学校向资源中心的职能转变。同时理顺指导中心职责，整合部门功能，建立，更加系统、有效地为区融合教育发展做出努力。

各大中心自成立之后，为市、区内普通学校提供了师资培训、个案辅导、环境建构、智力检测、资格认定等服务。各中心开展的情况如下。

随班就读指导中心为随班就读学生提供综合评估、资格认定、巡回指导，为学校、教师和家长提供培训和咨询等服务。中心共认定随班就读学生322人，并对19所学校、74名学生进行了巡回督导。

智力检测中心使用韦氏智力量表第四版、适应性评定量表第二版，为区内有特殊教育需求的学生提供专业智力鉴定（按照智力障碍诊断标准，得分在55—70分的孩子属于轻度智力障碍范畴，在一定的支持下可以在普校就读，中重度的智力障碍的孩子适合在专门的特殊教育学校就读），为开展随班就读资格认定、教学策略制定以及为其他中心提供评估咨询等服务。中心为市、区近3000人次进行了智力测评工作。

转介安置中心，对区内有转介安置需求的特殊儿童进行筛查、检测，并综合专家意见，为其提供转介安置建议，如孩子目前阶段适合在普校或在特校就读，供家长参考。目前中心为9名幼儿、3名小学生提供了转介安置综合评估及转介安置。

积极行为支持中心，对普校出现情绪、行为问题的学生进行综合评估、制订计划、实施干预，并整合教育、心理、医疗等社会资源，为学校、教师、家长提供个性化专业服务。中心派出3名督导老师，服务13所学校、24名学生个案，共计374个课时。

辅具适配中心，为区内特殊需求学生提供环境改造建议、综合测评、辅具适配、定期检修以及培训等服务。中心对外服务学校33所，评估344名学生，为

53名个案制作133件辅具。

（四）构建"多元化、全方位、立体式"DOT区域融合教育模式

2020年《区域性"DOT"融合教育模式的实践研究》成功在广东省教育规划课题评审中立项，目前正处于准备结题阶段。该模式主要包括多元化课程和资源包；全方位服务包括学段全方位、服务对象全方位、支持策略和方法的全方位；打造四级立体式运作机制（图4）。在融合课程的研究中，已经完成融合教育课程、补救性教学训练视频以及学科学习评估表、分层学习单等多元资源库的建立，同时有近两百篇融合教育论文和教育案例、教育叙事等成果，有力地推动了融合教育发展。

图4　DOT区域融合教育模式

（五）"秀霓虹"成就融合双彩虹

2021年，在区教育部门的支持下，区特殊教育指导中心与清水濠小学、农林下路小学、雅荷塘小学、珠光路小学签订了"秀霓虹"共融协议，为随班就读学生和普通学生搭建一条普特双向融合的"双彩虹"。

（六）参与国家标准化试点区项目，制定特殊教育服务行业标准

2020年3月，国家市场监督管理总局、国家发展和改革委员会、财政部发布《关于下达国家基本公共服务标准化十点项目的通知》，越秀区作为广东省基本公共服务标准化综合试点之一，扎实开展基本公共服务标准化建设，其中特殊教育领域有2项团体标准，分别为《残疾儿童少年义务教育阶段随班就读服务规范》《特殊教育教师专业要求》，包含6个标准文本，即《特殊教育随班就读指导业务手册》《特殊教育转介安置业务手册》《特殊教育智力测评中心业务手册》《特殊教育积极行为支持中心业务手册》《特殊教育辅具适配中心业务手册》《特殊教育教师专业要求》。

同时，广州市标准化研究院和广州市越秀区教育局的《残疾儿童、少年随班就读服务规范》《融合教育资源教室建设指南》在广东省市场监督管理局成功立项，将区域融合教育的经验，进一步梳理成广东省的地方标准，规范、科学地推动融合教育发展。

（七）制定多项运作指南，为科学规范运作打好基础

2021年制定《越秀区资源教室建设指导意见（试用）》（以下简称"《意见》"）。《意见》从基础建设、专业建设、业务管理、经费四方面展开，制定49项细则。同时，将资源教室分成7个组，形成阶梯式团队，指导中心派遣督导人员指导核心成员，核心成员带动其余组内成员发展，为进一步对资源教室进行评估奠定基础，为提升融合教育质量提供保障。

2022年制定《随班就读指导中心运作指南》《转介安置中心运作指南》《智力测评中心运作指南》《积极行为支持中心运作指南》《辅具适配中心运作指南》，从建立规章制度、确定服务范围、做好人员分工、确定服务流程以及规范档案管理等几方面制定指导中心的内部运作指南，推动指导中心运作的标准化。

（八）构建"阳光少儿"融合教育课程

该课程是以培养学生成为"好学、独立、有才、勤奋、有礼"的好少儿而确定的，学科学习课程与辅助训练课程为一体的融合教育内容。学科课程以学生的学业成就为目标导向，是融合教育课程的核心内容，主要内容为具体的学科课程；辅助课程是在正式学科课程之外的，针对融合教育中所有需要特殊学习支持的学生设计的提升学习以及生活能力的课程。学科课程以及辅助课程之间的相互配合与支持，是促进融合教育有效实施的重要保障。目前已经完成课程理念、目标和内容、评价方式、实施建议等部分的编写，评估工具和教材正在编制过程中。

（九）教研培训有序开展

"云聚慧"教研平台针对普通学校行政人员、资源教师及随班就读教师的需求，开展系列培训，包括资源教室运作指导培训、特殊需求学生档案管理培训、注意缺陷多动障碍（ADHD）专题培训。每项培训都会有目的、内容、对象及培训时间安排，让"有师会教"。

"家动力"，针对普通学生家长和残疾儿童少年家长，制定融合教育理念和养育能力两方面的培训，提供普适性支持。让家长更了解特殊需求儿童，尊重其差异，提供合适协助，共同创建友爱的支持环境，构建面向家长的融合教育宣导课程。其中部分课程以微课形式开展，让孩子和家长"有爱同行"

（十）建立长效医教结合机制

与越秀区儿童医院建立常态合作机制，形成两个层面的医教结合合作形式。与越秀区儿童医院开展为期2年的合作，从跟岗观摩、共同评估、共同教育训练、教师培训、家长义诊等方面进行全方位合作，形成三大障碍类型学生的评估体系、训练目标和常用训练策略。共跟岗120人次，对10名个案进行78次指导。

与中山大学第一附属医院合作，以科研课题为抓手，重点解决教育训练过程中的疑难问题，例如随诊制度，让医生了解用药过程中学生情绪和行为表现，以便调整药量。联合评估，首先解决学生精神和身体方面的问题，之后再介入教育训练的目标等，通过多方探索，以取得一定的效果。至2021年共随诊23次，联合评估21人。

十、规章制度与文件（见佐证材料）

（一）政府文件类

（1）越秀区第二期特殊教育提升计划

（2）越秀区教育局关于印发《关于组建"越秀区特殊教育联盟"的工作方案》的通知

（3）关于成立越秀区特殊教育联盟建设组织管理架构的通知

（4）关于召开越秀区特殊教育联盟工作会议的通知

（5）关于成立越秀区特殊教育智库的通知

（6）资源教室运作指导意见（试行）

（7）关于《残疾儿童少年义务教育阶段随班就读服务规范》团体标准立项公式

（8）关于《特殊教育教师专业要求》团体标准立项公式

（二）规章制度类

（1）特殊教育联盟工作制度

（2）智库工作制度

（3）特殊教育指导中心工作制度

（4）特殊教育随班就读指导业务手册

（5）特殊教育转介安置业务手册

（6）特殊教育智力测评中心业务手册

（7）特殊教育积极行为支持中心业务手册

（8）特殊教育辅具适配中心业务手册

（9）特殊教育教师专业要求

（10）随班就读指导中心内部建设规范管理手册

（11）转介安置中心内部建设规范管理手册

（12）智力测评中心内部建设规范管理手册

（13）积极行为支持中心内部建设规范管理手册

（14）辅具适配中心内部建设规范管理手册

"支持共融，让生命更出彩"区域融合
教育实施案例

　　融合教育，是特殊教育中的一种教育理念，指通过不同程度的教育设计与调整，使残障儿童顺利进入普通班级进行无差异学习。融合教育是教育事业的重要组成部分，是建设高质量教育体系的重要内容，也是衡量社会文明的重要标志。融合教育正在以一种不可遏止的力量冲击和影响着教育的固有形态。随班就读是我国发展特殊教育的重要方式，是实施融合教育的主要形式。

　　本文拟通过对本区融合教育发展的经验进行梳理总结，为推动区域融合教育发展提供一些启示，贡献一份力量。

一、区域融合教育的目标定位

　　2021年习近平在联合国气候峰会发表重要讲话，提出构建人与自然生命共同体，提出"坚持人与自然和谐共生""坚持以人为本"的原则。人与自然生命共同体强调生态环境是人的生存、发展与幸福的根基。教育是传递社会生活经验并培养人的社会活动，是发生于人与人之间的活动，是发生于体验的活动。教育中的各种人、环境就构成一个生命的共同体。每个人在这个共同体中承担责任、付出努力，收获成功，绽放生命的色彩。基于此，越秀区融合教育设定的目标是以习近平新时代中国特色社会主义思想为引领，立足区域，秉承"接纳、支持、共融"的理念，以融合教育为抓手，构建以学生为核心的教育生命共同体，让每一个生命都出彩（图1）。

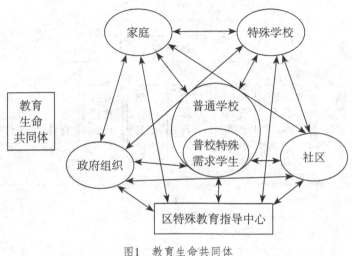

图1 教育生命共同体

二、区域融合教育目标实现路径

为达到构建教育生命共同体"让每一个生命都出彩"的目标，设计了区域融合教育实施路径（图2）。

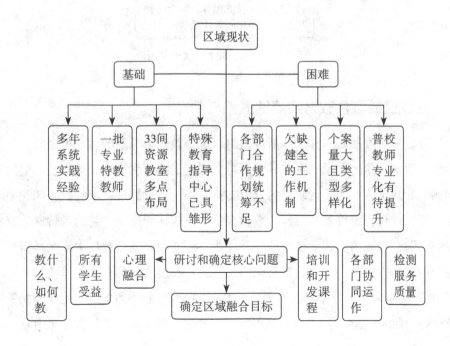

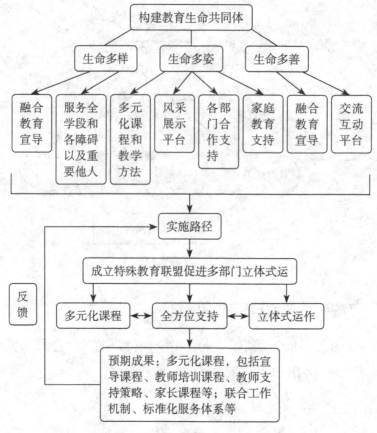

图2　区域融合教育实施路径图

三、区域融合教育实施的效果与特色

经过多年发展，越秀区逐渐打造出以融合教育为抓手的教育生命共同体，学校、教师、学生、家长都在其中受益，社区支持力度增加，政府各部门运作顺畅。2019年，在区委区政府的全力支持下，区教育局统整原特教各职能中心的功能，优化资源投放，打好特教组合拳，正式挂牌成立"越秀区特殊教育指导中心"，与区内启智学校合址办公，业务主要归属区教育局中小教科指导，着力构建全方位、立体式、多元化的融合教育新模式，翻开了越秀特教事业的新篇章。3年来，指导中心总共服务个案315人，覆盖小学108所、幼儿园20所，共计1587课时；2021年7月，被省教厅评为全省首批优质特殊教育资源中心。

区域融合教育的主要成果和特色总结如下。

1. 发挥中心枢纽作用，在职能整合上做加法

越秀区特殊教育指导中心下设5个职能中心，是"一母生五子"，这"五子"包括：转介安置中心、智力检测中心、随班就读指导中心、积极行为支持中心和辅具适配中心。这5个小中心分工明晰，"五子登科"，全方位保障全区特殊孩子从学前教育——义务教育——高中（职高）教育学段的衔接畅通，实现基础教育15年的无缝衔接。

2. 提升政府支撑力量，在均衡发展上做除法

除法的概念核心是平均分配，结合区的财力情况，我们用绣花针的功夫，把优质教育资源尽可能集中配置到全区的基层学校幼儿园。下面谈两个关键词。一是联盟辐射。通过校际结对，编好从区到校"一张网"，通过一组多点，下好全区普特"一盘棋"，逐步形成教育的生命共同体。

3. 构建立体支持模式，在运作效能上做乘法

为更好推进特殊教育内涵式发展，我区特教指导中心不断深化特殊教育课程改革，实施DOT区域融合教育模式下的多元化支持课程。DOT的基本元素包括三方面：Diversification多元化（D），Omnibearing全方位（O），Three-dimensional立体式（T）。

多元化——包括调整普通教育课程，增加学习能力辅助课程，补充生活能力辅助课程。提供个性化且多元的教学方法、策略资源包，同时在活动当中创造多元化机会，增加与同伴交流、与社会外界互动，提升社交能力，促进全人发展。

立体式——以"立体式"作为构建维度，在区域教育行政部门领导下，构建以特殊教育指导中心统筹，以国内特殊教育智库和跨专业人士为专家团队、以特殊学校骨干教师为巡回指导团队，以各科教师为一线教学团队的四级立体式运作，强调模式运作需要各部门共同参与。

全方位——教育学段全方位包括覆盖15年的教育全学段，即义务教育小学段向学前、中学两头延伸，为有特殊教育需求的青少年提供无缝对接的教学服务。

4. 提供全方位专业服务，在家校负担上做减法

2021年7月，党中央和国务院发布了面向义务教育阶段的"双减"政策文件，强调：强化学校教育主阵地作用，有效缓解家长焦虑情绪，构建教育良好生态，促进学生全面发展、健康成长。基于目前融合教育需求日益增长的现状，我区从"服务个案"为主转变为"项目管理、流程运作"，向全区特殊儿童和家长提供高质量的专业服务，尽可能减轻家长的经济负担和心理负担。减负担，要建章立制。我区先后出台了《越秀区特殊教育二期提升计划》《组建"特殊教育联盟"的工作方案》《越秀区资源教室运作指导手册》《特殊教育指导中心运作手册》《残疾儿童少年义务教育阶段随班就读服务规范》《特殊教育教师专业要求》为融合教育的健康运行提供强有力的支持保障。减负担建章立制下注重把好"三道关"：科学认定服务对象把好"准入关"，跨专业团队全面参与把好"评估关"，加强服务过程管理把好"跟踪关"。

四、区域融合教育实施面临的问题以及发展方向

1. 健全工作机制

虽然区域成立特殊教育联盟，将多部门联合在一起，但是整体运作机制尚不成熟，目前合作较多集中在资源共享、信息互通方面，更深入的支持和统筹机制有待发展。完善多方联动、立体式的推进机制，明确教育、民政、财政、卫健、残联等部门的工作职责，形成工作合力；加强科研部门、高校、特殊教育学校、普通学校、训练机构等协同的专业支撑工作机制，营造良好、共赢的教育生命共同体。

2. 强化督导和评估

目前针对区域融合教育实施成效的监督主要依赖于教研指导部门的巡查以及教育行政部门的检查，监督内容单一，评价标准不明晰。应加大区教育部门、科研指导部门的督导职责，切实加强对融合教育发展计划实施情况的指导和评估，逐步形成学生教育成效的个性化评价机制和融合教育实施成效多维度评价机制。

3. 发挥科研引领

在区域融合教育实施过程中，大部分学校和教师教育规划能力不足，有时

候是"救急"，有时候是"想试一试"，虽然形成了部分成果，但是科研引领教学的意识有待提升。区教研部门应该加强一线教师课题研究指导，提高课题申请数量，用课题引领问题解决，并做好成果转化。充分发挥智库专家的引领作用，提倡高校、科研部门、指导中心和普通学校、特殊学校等多单位联合，形成从理论指导到实践操作、提炼成果的工作路径。

4. 提升家庭养育能力

在推进区域融合教育过程中，家长的接纳程度和养育能力能够从侧面反映出融合教育实施情况。家长若忙于应对孩子在校问题，和其他家长解释孩子的各种状况，正向的养育能力就会下降。当学校的家长能够相互理解、支持，那么我们期待的共同进步就有望实现。所以针对家长的倡导和养育策略的培训以及组织各种互动、合作、展示的平台就很重要。只有让家长看到彼此相处能够相互促进，才能成为一个共赢的教育生命共同体。所以，构建平台，加大培训，收集数据证明普通学生在其中的受益情况，才能有效提升家长的接纳和养育能力。

在教育过程中，人人都是主角。在基于教育的生命共同体中以及人和人的互动中，体验人与人的不同；在合作中，用"善"养育我们的浩然正气；通过调整后的课程和策略发展学生的潜能，补偿缺陷，让他们在各种平台中展现自己的独特风采。这就是我们期待和打造的每个人都能受益的教育生命共同体。

"加减乘除共支持，多彩生命齐绽放"
越秀区融合教育实施案例

越秀自古"崇文重教"，文化底蕴深厚，区名校名园众多。区委、区政府高度重视教育事业，全力打造"学在越秀"品牌，实现"幼有良育""学有优教""教有名师"。为贯彻习近平总书记"努力让每个孩子都能享有公平而有质量的教育"指示，实现"办好特殊教育"的目标，越秀区着力构建多元化、全方位、立体式融合教育模式，翻开了融合教育优质发展的新篇章。

一、背景需求

随着大量特殊孩子涌入普通学校，越秀区融合教育探索不断深入，启智学校于1994年起便承担"广东省特殊儿童随班就读指导中心""广州市特殊儿童随班就读指导中心""广州市弱智儿童综合智力检测中心"等任务，担负起特殊儿童智力检测、资源教室巡回指导等任务。为进一步统整教育资源，更好地推进融合教育质量，2019年越秀区成立特殊教育指导中心（以下简称"指导中心"），为区域融合教育提供教育资源、个案评估、专项训练、系统培训等服务。

2019年，中心接到一个个案，就读我区普通学校的一名六岁孤独症儿童（小爱），韦氏智力检测分数为69分，经过幼儿园的学习生活，小爱能认识常见物品、能说简单词汇、听懂一步指令，但上课期间经常会有不自主大笑的行为，对正常课堂有严重的干扰，学习表现不理想。家长期望能改善其不良行为，使其逐步适应在普通学校的学习生活。当时学校由于客观因素，缺乏专门的师资和条件予以干预，鉴于此，该生成为中心全面介入的一个个案。

二、主要思路

为了解决像小爱这样的普遍性问题，指导中心明确了区域融合教育的目标是为每一个区域内有特殊需求的青少年，提供15年无缝对接的个性化、高质量且适宜的教育及康复服务，促进其"全人发展"，成为最好的自己，享受同样精彩的人生。指导中心构建了"多元化、全方位、立体式"的DOT区域融合教育方案。通过搭建多元化课程，提供多元化教学方法、策略，全方位支持学生参与日常的学习生活，并在教育行政部门、特殊教育学校、普通学校、跨专业团队的共同参与下，统筹开展各项工作（如图1）。

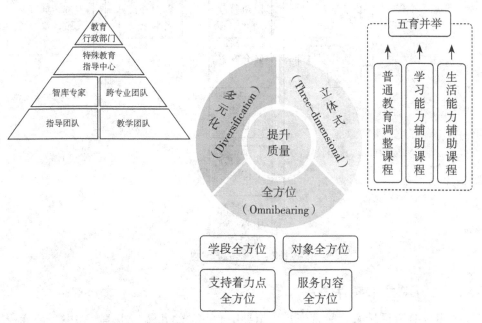

图1　普特融合的DOT区域融合支持体系结构图

三、具体措施

（一）第一阶段：建章立制

1.联盟引领，构建立体式运作体系

融合教育的开展，依赖于多部门的联合。2019年，区教育局牵头，建章立制，成立区特殊教育联盟（以下简称"联盟"），不断完善组织架构。联盟由

区教育行政部门负责行政管理，区教育研究院提供教科培支持，启智学校龙头引领，指导中心、智库、跨专业团队、联盟成员系统运作（如图2）。该联盟主要工作是统筹和优化配置资源，为学生提供多方面服务，如转介安置、康复训练资助、医疗评估、课程调整等，社会融合环境支持构建融合交流和展示平台。各部门打破局限，优化配置资源，提升特殊教育教学质量。

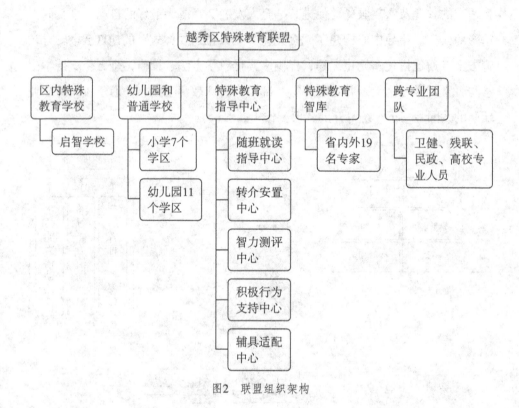

图2　联盟组织架构

（二）第二阶段：初建模式

建构DOT区域融合教育模式。指导中心联动幼儿园、小学、初中、智库、跨专业团队，组成四级立体式运作的联盟合作体。制定配套的标准化服务机制、运作流程，提升运作效能。建设融合教育资源包，为教师、家长及学生提供服务，为丰富区内特殊教育资源提供支持，实现课程育人与文化育人，展现"生命多姿"。根据《特殊教育指导中心服务指南》为相关学生提供适性的安置服务、随班就读资格认证、随班就读巡回督导、辅具适配等服务；对有行为问题的学生积极行为支持；解决学生在校期间遇到的各种问题，充分保障学生受教育的权利。多部门联合开展评估、医疗服务和有针对性的教师和家长培训，提升了融合教育质量。

根据小爱的情况，我们随即联合区儿童医院、区教育研究院、区残疾人联合会开展联合评估，采用在普通学校就读、个别支持辅助等适性安置的方式，和班级老师共同为她制订了具体的个别化教育计划，在日常教学基础上部分抽离，增加了手写功能和行为管理训练，逐步泛化到同伴交往能力，日常还有爱心小队的同伴照顾，使他每天都开开心心。中心为其设计了兼具功能性与趣味性的个性化作业单，学校还调整了教学难度，让他感受到学习的乐趣。经过三年的训练和家长的支持，小爱大笑和随意离开座位的不良行为大大减少，他上课时能举手回答问题，课下能和同学简单互动；后来，他还逐步参与班级服务，因而被评上了劳动小能手。小爱的点滴进步，恰恰体现了"一个也不放弃"的教育精神。

（三）第三阶段：丰富内涵，提质保量

1. 多平台支持，促进融合教育内涵发展

为了更好地构建学校的支持体系，我们搭建了三个平台。搭建"云聚慧"联合教研平台针对不同教师群体，开展线上教研，探索普特融合的方式方法；搭建"秀霓虹"双向共融交流平台，以四所小学为试点，探索一条普特双向融合的"双彩虹"，充分展现不同生命的多姿多彩；搭建"家动力"交流平台，针对普通和特殊需求孩子家长，开展融合教育培训，逐步养成"共同体"的文化氛围，实现家校共育。

小爱就是其中的受惠者，他在"秀霓虹"的共融活动参加了融合运动会和绘画比赛，展现了自我风采；小爱的班主任以及任课教师参加了"云聚慧"，学习融合教育的专题学习；小爱的家长也参加"家动力"的培训班，树立正确的亲子关系和家校关系，接纳孩子的不足，提供宽松的教养环境。

2. 融合课程实施，使教育有所依

构建和实施"阳光少儿"融合教育课程，课程分为学科学习课程和补充训练课程。从"五育"出发，依据特殊学生的生涯规划，补偿缺陷、培养潜能，使其综合发展，解决学生"学什么"、教师"教什么"的问题，为展现"生命多姿"提供保障。例如，我们在小爱的课程设计里量身定制语文、数学的教材，并且增设了感知觉训练、语言训练、问题能力训练，努力培养其基础学科核心能力和适应生活的能力，为其适应未来社会提供保障。

四、主要成效

经过三年的多部门的支持，小爱虽然在数学、语文和英语等课程的学习上跟同龄伙伴有一定的差距，但他能从自卑内向变为能够快乐自信地参与课堂。教师、学生和家长愿意"给机会"和"等待成长"，就是一种成功。通过多年实践，越秀区逐渐打造出"以德立教、以爱育人"的教育生命共同体，"加减乘除"使融合教育效能叠加，学校、师生、家长都在其中受益，社区支持力度增加，政府各部门运作顺畅，融合教育质量不断提升。

（一）发挥中心枢纽作用，在职能整合上做加法

指导中心下设五个职能中心，是"一母生五子"，中心分工明晰，功能齐全，布局完善，全方位保障全区特殊孩子从学前教育到高中（职高）教育的畅通衔接，实现基础教育15年无缝衔接。2021年被广东省教育厅评为"优质资源中心"。近三年来，指导中心总共服务学校128所，个案315人，逾1587课时。

（二）提供全方位专业服务，在家校负担上做减法

2021年7月，"双减"政策实施，强调学校教育主阵地作用，区教育局从"服务个案"转为"项目管理、流程运作"，向特殊学生和家长提供高质量的专业服务，尽可能减轻家长的经济负担和心理负担。建章立制下注重把好"三道关"：科学认定服务对象把好"准入关"，跨专业团队全面参与把好"评估关"，加强服务过程管理把好"跟踪关"。三年来，对108名学生开展转介安置、评估与跟踪，开展家长咨询和培训210人次。

（三）构建立体支持模式，在运作效能上做乘法

DOT支持模式建立后，各部门从单打独斗到"报团攻坚"，极大提升了运作效能。三年来，残联和教育研究院、指导中心联合开展指导近100人次。多维度支持学校融合环境的建设，打造了6所各具特色的融合教育学校。多平台助力教师专业成长，完成全区小学六模块融合教育培训，开展线上培训300多人次，教师技能得到加倍提升。学生在各种平台中展示自己的风采，在学习能力、绘画能力、特奥体育方面收获满满。指导中心在省标准化研究院指导下，制定

《特殊教育教师专业要求》《残疾儿童、少年义务教育阶段随班就读服务规范》两项行业标准，为融合教育实施提供参考和依据，使服务更加精准、科学。

（四）提升政府支撑力量，在均衡发展上做除法

除法的概念核心是平均分配，结合区的财力情况，把优质教育资源尽可能地集中配置到全区的基层学校（园）。除法包含两个关键词：联盟辐射——通过校际结对，编好从区到校"一张网"，通过一组多点，下好全区普特"一盘棋"；项目引领——通过线上教研项目"云聚慧"，普特共融项目"秀霓虹"，家长培训项目"家动力"，多维度提供支持，提升学生的转化率，提供公平而有质量的教育。

五、实践反思

（一）进一步健全工作机制

完善多方联动、立体式的推进机制，明确教育、民政、财政、卫健、残联等部门的工作职责，形成工作合力。

（二）不断强化督导和评估

加大区教育部门、科研指导部门的督导职责，切实加强对融合教育发展计划实施情况的指导和评估，逐步形成个性化的学生评价机制，多维度融合教育实施成效评价机制。

在教育过程中，人人都是主角，人人都能享受公平而有质量的教育，在人和人的互动中体验生命的多样性，在各种平台上展现风采。未来，越秀区融合教育将在高质量发展的道路上阔步前行、扬帆起航！

"秀霓虹"平台区域融合教育实施方案

一、"秀霓虹"项目的实施背景

广州市越秀区是最早实现零拒绝的教育强区，自融合教育实施以来，区内在普通学校就读的随班就读学生数逐年增加（如图1）为融合教育教学的质量提升带来了前所未有的挑战。为了更好地探索普特融合的方式和方法，了解融合教育对普校学生、特殊需求学生的影响，在越秀区教育局对特殊教育指导中心支持下构建普特双向共融项目——"秀霓虹"。该项目以4所试点学校为抓手，搭建了一条普通学校与特殊学校双向融合的双彩虹。

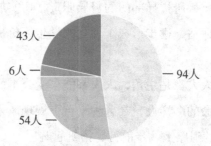

自闭症 ■智力迟缓 ■肢体障碍 ■其他

图1 越秀区随班就读类型人数分布图

二、"秀霓虹"项目目的与意义

越秀区特殊教育指导中心与试点合作学校形成融合教育发展共同体，能够根据融合教育需求，建立一套具有科学性、可操作性、多元化、立体式区域融合教育发展模式，对于提升区域融合教育具有重大且深远的意义。在此基础上构建融合环境建设与开发融合教育课程，并促进融合教育学校中的教师、家长以及学生得到支持与发展。

三、"秀霓虹"项目中开展的共融活动

1. 个体学生之间的共融

将特殊需求学生依据其能力，选择部分科目、部分时间段安置在普通学校。特殊学校督导老师、班主任及时跟进该生的在校融合情况，并和相应学科教师沟通调整其相关教育教学策略，提升其班级课堂的参与度。

2. 班级课堂的共融

普通学校的学生以班级为单位，在开学初和学期末，选择部分时间段，参与到特殊学校课堂中，让普通学校学生在互动中更加深入认识和理解特殊需求学生，提升其关爱他人、帮助他人的能力。

3. 特定活动的共融

在普校和特校的体育会、艺术节等大型活动中，让普特生相互邀请，共同参与。在活动中，让家长、教师、学生多方面了解特殊需求学生，达到宣导融合教育的目的。

4. 教学成果的共融

根据在项目推动与合作中，教师们能共同研究与探讨融合教育的相关课题、论文、优秀案例等多形式的教学成果，为促进融合教育的发展做出贡献。

四、"秀霓虹"项目职责

1. 越秀区特殊指导中心项目职责

（1）协助试点学校的融合教育理念的宣导。

（2）协助试点学校资源教室建设与支持随班就读学生巡回指导工作。

（3）协助试点学校多元化融合教育的课程开展。

2. 项目试点学校职责

（1）提供一间资源教室或心理咨询室，供教学实施。

（2）派出一名固定学科教师参与区域融合教育资源开发。

（3）试点学校定期组织相关共融活动。

五、"秀霓虹"实施与计划

第一阶段（2021.10—2021.12）：签订项目协议

此阶段越秀区特殊教育指导中心与四所普校学校（农林下路小学、清水濠小学、雅荷塘小学、珠光路小学）相互签订项目协议，相互了解具体开展活动内容以及项目中各自的职责。

第二阶段（2022.1—2022.3）：前期调查和初步探索阶段

此阶段调查与收集相关信息，如学校随班就读学生人数、障碍类型、年龄段、资源教室运用情况、融合教育特教知识普及内容、家长培训情况等。

第三阶段（2022.4—2022.6）：基础建设阶段

此阶段根据每所学校对于融合教育知识支持的相关需求，每学期将有序开展部分有特殊需求学生、班级、教师以及特殊有需求学生家长的融合教育相关知识支持与培训（表1、2）。

表1 普通学校家长支持一览表

一、对象
1.特殊需求家长
（1）有明确的医生诊断证明的学生家长
（2）没有医生诊断证明，但有需求的学生家长
2.普通学生家长
（1）1—2年级普通家长
（2）3—6年级普通家长
二、开展形式
1.线上软件平台交流
2.线下工作坊主题式开展
3.定时开放线下资询服务
三、开展时间
1.线上交流时间每次1小时
2.线下交流时间每次1.5小时
3.定时开放线下资询服务1.5小时
4.每学期总服务不少于1次
四、培训与支持内容
1.宣导类
（1）融合教育相关政策宣导

（2）融合教育理念宣导
2.支持类
（1）普校常见特殊需求儿童的特征与教育策略
①自闭症谱系儿童特征与教育策略
②智力发育障碍儿童特征与教育策略
③多动症儿童特征与教育策略
④学习障碍儿童特征与教育策略
⑤情绪障碍儿童特征与教育策略
⑥感统失调儿童特征与教育策略
⑦其他障碍儿童特征与教育策略
（妥瑞斯、天使、小胖威利、雷特斯、儿童崩解、社交恐惧等）
（2）家庭环境建设
①家长教育方式
②家庭亲子活动
③家长心理建设

表2 普通学校教师特教知识普及宣导一览表

一、对象
普通学校全体教师
二、开展形式
1.线上软件平台交流
2.线下工作坊主题式开展
3.定时开放线下咨询服务
三、开展时间
1.线上交流时间每次1小时
2.线下交流时间每次1.5小时
3.定时开放线下咨询服务1.5小时
4.每学期总服务不少于2次
四、培训与支持内容
1.宣导类
（1）相关政策的宣导
①融合教育相关政策
②融合教育理念宣导
（2）特殊教育指导中心宣导
①随班就读指导中心宣导
②积极行为支持中心宣导
③智力检测中心宣导

④转介安置中心宣导

⑤辅具适配中心宣导

2.支持类

（1）普校常见特殊需求儿童的特征与教育策略

①自闭症谱系儿童特征与教育策略

②智力发育障碍儿童特征与教育策略

③多动症儿童特征与教育策略

④学习障碍儿童特征与教育策略

⑤情绪障碍儿童特征与教育策略

⑥感统失调儿童特征与教育策略

⑦其他障碍儿童特征与教育策略

（妥瑞斯、天使、小胖威利、雷特斯、儿童崩解、社交恐惧等）

（2）行为问题处理

①紧急行为处理建议

②行为问题功能分析

③行为问题处理的理念与原则

第四阶段：实践和总结阶段

将实践经验进行整理、并将成熟的经验进行推广整理和归纳，包括融合教育案例、融合课例课件、融合教学论文等；将优秀的成果汇编出版、并放入越秀区特殊教育指导中心资源库；另外定期在省市区域开展融合教育研讨会，将模式与经验进行推广。

越秀区特殊教育指导中心的架构和职能定位

越秀区是广东省首批教育强区，也是最早推行零拒绝的教育行政区，在政府各部门的支持下，全纳教育在全区深入推进。随着普通学校（以下简称"普校"）有特殊需求学生越来越多，越秀区教育局为了更好地优化特殊教育资源投放，加大特殊教育专业支持力度，统筹整合原有职能中心，于2019年12月，成立越秀区特殊教育融合教育指导中心，联合多部门，合力构建全方位、立体式、多元化的融合教育新模式，翻开了融合教育新篇章。

越秀区特殊教育指导中心在越秀区教育局的引领下，设有五个职能中心，包括随班就读指导中心、智力测评中心、转介安置中心、积极行为支持中心和辅具适配中心。各大中心为普校教师、家长、特殊需求学生提供支持与服务，保障幼小、小初、初高（职）学段衔接工作的畅通，推动各学段的无缝对接，促进区内融合教育高质量发展。

一、随班就读指导中心

职能：为随班就读学生提供综合评估、随班就读资格认定、巡回指导，为学校、教师和家长提供培训和咨询等服务。每学期，指导中心会派出巡回督导老师对各个随班就读学生及其所在学校提供服务。

亮点如下。

（1）按照广州市相关文件，每年对区内有资格的学生进行随班就读资格认定，并对随班就读学生进行巡回指导。

（2）对普通学校教师、家长进行融合教育培训，整体提升教师和家长融合教育的理论和实操水平。

主要服务量：每年对150多名学生进行随班就读资格认定，并对随班就读学生进行巡回督导。

工作流程见图1。

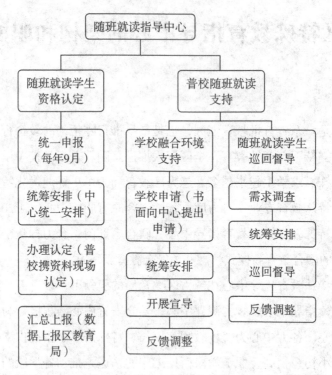

图1　随班就读指导中心工作流程

二、智力测评中心

职能：为越秀区有特殊教育需求的学生提供专业智力鉴定，以便于随班就读指导中心开展随班就读资格认定以及教学策略制定，同时为其他中心提供评估咨询等服务。

亮点如下。

（1）为市、区内有需求的学生提供专业的、有效的智力鉴定。

（2）为其他中心如转介安置中心、积极行为支持中心等提供综合评估服务。

主要服务量：每年为市、区内有需求的一百多名学生提供智力鉴定；1994年至今对4000多名学生开展了智力鉴定。

服务流程见图2。

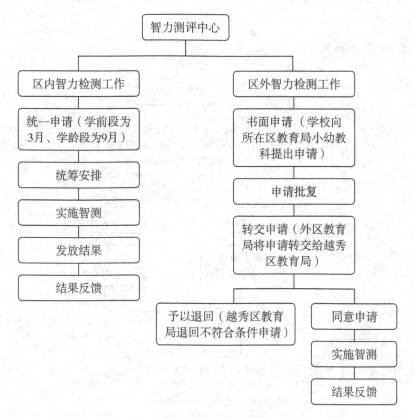

图2　智力测评中心服务流程

三、转介安置中心

职能：对有转介安置需求的特殊儿童、少年进行筛查、检测，并建立档案，综合专家意见，为其提供转介安置建议，推荐适合的安置形式。

亮点如下：

（1）对即将进入小学一年级的特殊需求学生提供家长培训，全面解读融合教育政策，介绍越秀区融合教育的实施路径，并对家长、学生有可能遇到的问题进行梳理并指引其做出合适的应对。

（2）对于九年义务教育阶段学生，开展普通学校、特殊教育学校之间的评估、转介、安置，尽量让每一个有特殊需求的学生都能获得最好的安置形式。

主要服务量：每年3月份开展学龄前特殊需求家长转介培训，并为30多名学龄前学生提供转介安置服务；每年约为10名以上的九年义务教育阶段学生提供转介安置服务。

服务流程见图3。

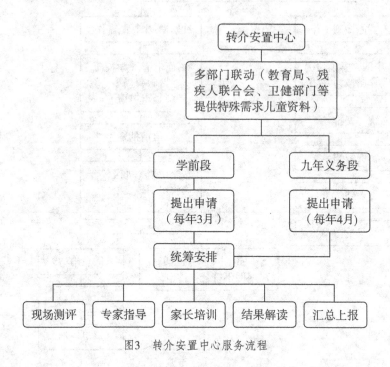

图3 转介安置中心服务流程

四、积极行为支持中心

职能：整合教育、心理、医疗的社会资源，对普校需要积极行为支持的学生提供行为功能综合评估、制订积极行为支持计划、实施干预，并为学校、教师、家长提供咨询、培训等服务。

亮点如下：

（1）为普通学校建构全校积极行为支持体系。

（2）协同普通学校一起为有需求的学生制定并实施积极行为支持方案，从理论到实践，带领普通学校教师逐步改善和消除学生的行为问题。

主要工作量：每年约为20名学生提供积极行为支持，从2015年至今，对80多名学生开展了近1000学时的支持和训练。

服务流程见图4。

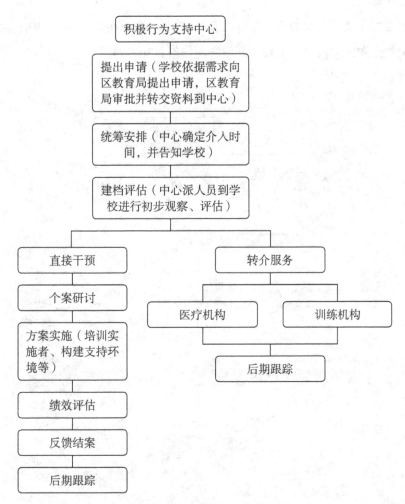

图4 积极行为支持中心服务流程

五、辅具适配中心

职能：为区内特殊需求学生提供环境改造建议，并对有需求的学生提供综合测评、辅具适配、定期检测以及维修、咨询、培训等服务。

亮点如下：

（1）为区内有需求的学生提供体态、手功能等综合测评，为其提供改善身体机能的训练建议，并提供辅具适配服务。

（2）开发了移行类、矫形类、生活类、学习类等8大辅具种类，制作了1000多件辅具。

主要工作量：每年为全区特殊教育学校近400名学生提供体态评估，为50多名学生制作和维修辅具，为教学开发和制作教具30多件。

服务流程见图5。

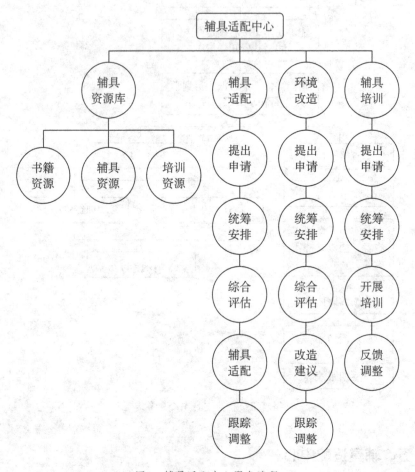

图5　辅具适配中心服务流程

越秀区特殊教育指导中心自成立以来，为区内乃至省内融合教育的开展提供了大量实践经验。指导中心愿在教育部门的领导下、联盟的支持下、智库和跨专业团队的高位引领下，携手普校，共同打造越秀融合教育新篇章。

以搭建全方位支持体系为核心的区特殊教育指导中心运作实践

一、支持体系理念

以完善特殊教育机制为基础、提升教育质量为核心、增进特殊人群福祉为目标，以各部门联动为保障，构建普特结合、学段完整、普职融通的特殊教育全方位服务支持体系。

二、支持体系目标

全方位服务支持体系的总目标是让每一个孩子享受公平、适合的服务，让每一个家庭享受有品质的生活，让每一个老师享受有效的课堂、成就最好的自己。

三、学校系统服务支持体系构建

以特殊教育联盟为保障，联动民政、残联、教育、医疗等多部门，为特殊需求学生、家庭、教师提供全方位服务支持体系。针对学生、家庭、教师和学校三方不同群体的需求不同，提供不同的支持内容。如联动各方面社会力量，为学生提供缺陷补偿、潜能开发等服务，为其成为好家人、好帮手、好公民而努力；为特殊需求家庭提供保障服务，提升家庭功能、构建和谐的家庭氛围等。具体见图1。

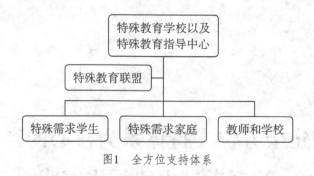

图1　全方位支持体系

特殊需求学生的支持体系：以医教结合理念下的跨专业整合课程为基础，联动各方面社会力量，为学生提供补偿缺陷、开发潜能等服务，为其成为好家人、好帮手、好公民而努力。

特殊需求家庭的支持体系：以联盟为基础，联合各方面的社会力量，为特殊需求家庭提供保障服务，提升家庭功能、构建和谐的家庭氛围，为其具有治愈和成长能力而努力。

教师和学校支持体系：以智库、跨专业团队高位引领，通过校内外培训、研讨等有计划有组织的人才培养体系，为教师和学校提供高效的服务，补偿其短板并使其优势更加突出，为其实现自我价值，成就最好的自己而努力。

四、DOT校外支持体系的构建

校外支持体系的构建以区特殊教育联盟为保障，采用DOT（Diversification多元化/Omnibearing全方位/Three-dimensional立体式）融合教育模式，将各部门、各专业人员进行统整，以学生的需求为核心，构建融合教育环境，赋予教师特殊教育能力，给予学生多元化的课程。DOT是学校构建的融合教育新模式，它包括三元素。

1. 课程的创新——多元化（D）

由于特殊需求学生个性化差异较大，所以需要构建以"五育并举"的综合育人的目标。既注重面向全体学生，又注重个别差异的多元化课程，包括学科课程、适应性课程以及康复补偿课程，同时提供个性化且多元的教学方法、策略资源包。在课程、活动当中创造多元化机会，增加学生与同伴交流、与社会外界互动，提升其社交能力，增强自信，促进全人发展。

2. 支持模式的创新——全方位（O）

融合教育的模式全方位覆盖学前、义务教育和职业教育阶段，为有特殊教育需求的青少年提供无缝对接的教学服务；服务对象也将全方位覆盖，为普通学校特殊需求学生提供个性化的教育支持服务，同时在策略、方法上给学生、教师以及家长提供全面支持；在服务内容上，指导中心将为有需要的个案提供转介安置、智力检测、学习指导、积极行为支持以及辅具适配等多项个性化的服务。

3. 架构的创新——立体式（T）

DOT区域融合教育模式重视立体的运作，强调模式运作需要教育行政部门、特殊教育学校、普通学校、跨专业团队以及智库专家们的共同参与，各部门各司其职，打破局限性，发挥强大的功能作用。基于DOT区域融合教育模式，为普校的教师、家长提供大量支持，包括理论培训以及实操指导，以及其他资源的支持（图2）。

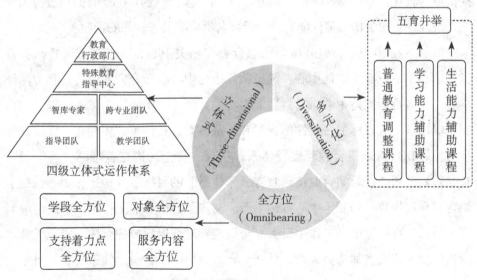

图2 本土化的融合教育新模式——DOT区域融合教育模式

五、区域支持体系构建

根据《越秀区第二期特殊教育提升计划》的部署，于2019年成立越秀区特殊教育联盟，越秀区教育行政部门负责其行政管理，越秀区教育发展中心提供教科培支持，越秀区启智学校为龙头引领，区内普校、智库、跨专业团队作为联盟体。联盟的成立，不仅为普校和特校、专家和一线教师、行政部门和残疾人联合会以及特殊教育学校等提供了沟通和合作的平台，使融合教育从评估安置、转介、鉴定到指导等流程更加顺畅，而且提升了管理架构的清晰度，促进了区域内融合教育支持系统的建设，为提升区域内整体融合教育的质量奠定了基础。

越秀区启智学校作为省内最早一批九年一贯制特殊教育学校之一，为区内特殊教育发展做出了重要贡献，得到了省市教育部门的高度认可。2004年，广东省教育厅授予启智学校"广东省特殊儿童随班就读指导中心"称号。之后，启智学校在市、区内融合教育方面不断努力探索，扩展服务内容，提供更加有力的专业保障，相继被授予"智力检测中心""积极行为支持中心"等称号。各中心成立之后，为市、区内普通学校提供了师资培训、个案辅导、环境建构、智力检测、资格认定等服务。如为普校4206名学生提供智力检测，为普校提供特殊教育宣导约339课时，为40多名普校学生提供约1000课时的积极行为训练，设计并制作了1000多件辅具，对近百名学生提供了转介安置服务。

同时，在2019年，整合原有的融合教育相关中心，成立越秀区特殊教育指导中心，下设五个职能中心：随班就读指导中心、转介安置中心、智力测评中心、积极行为支持中心、辅具适配中心，开展以"中心"为抓手、以"健机制、提质量"为目标的区域性融合教育实施方案。搭建了"多元化、立体式、全方位"DOT区域融合教育支持体系，实现"在全区构建普特结合、学段完整、普职融通、医教结合的特殊教育服务体系"的目标以及构想。中心编制了融合教育宣传片、印制了中心宣传手册、制定了各中心的工作制度，同时编制了《特殊教育指导中心工作手册》。每周四针对普通学校的行政、资源教师、随班就读生相关教师三类人群，开展"云聚慧"线上教研，效果显著。每年约为百名学生提供智力检测、200名学生提供随班就读资格认定、为20多名学生提供积极行为支持，为有需求的学校提供资源教室，为融合教育环境建设等提供服务。2020年5月，《区域性"DOT"融合教育模式的实践研究》成为广东省教育科学规划课题。

积极构建多元化的区域融合教育培训体系

为了让家长、普校教师、特殊教师更了解各种障碍类型的特殊儿童的特质、学习特点及教学支持策略，越秀区特殊教育指导中心定期对特殊儿童的家长、普校教师、特殊学校教师进行相关理论与实操培训，以便更好地为特殊儿童提供优质的、个别化的教学，为他们能更好地适应生活提供支持。详见下列图表。

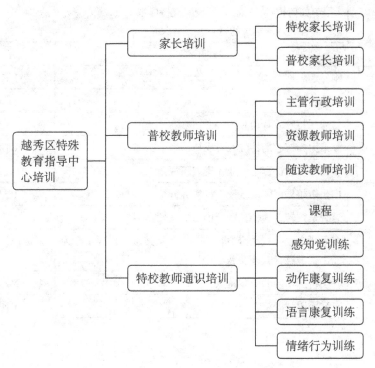

图1 越秀区特殊教育指导中心培训框架

表1 家长培训内容一览表

目的	1.了解特殊教育相关政策及安置模式 2.了解相关随班就读服务 3.了解如何支持自己的孩子入读普校 4.了解特殊儿童家庭教育相关策略	
序号	培训内容	学时
1	特殊教育相关政策解读及安置模式	1学时
2	本区随班就读介绍	1学时
3	特殊学生入读普校知多少	1学时
4	做好情绪教练，培养情绪健康的孩子	1学时
5	家庭一日活动安排	1学时
6	理性看待学业问题，助力孩子健康成长	1学时

表2 普校教师培训内容一览表之主管行政

目的	1.特殊教育相关政策解读 2.了解区域融合教育实施的具体路径 3.了解如何构建特殊教育的校园支持体系 4.了解各类特殊学生的特点及教育策略	
序号	培训内容	学时
1	刚好遇见你	1学时
2	特殊教育相关政策解读	1学时
3	越秀区特殊教育指导中心介绍	1学时
4	以个案为核心的特殊教育支持体系的构建	1学时
5	学校多元化课程与专业化发展新视角	1学时
6	广州市越秀区随班就读支持实务分享	1学时
7	启智学校转型为特教资源中心的案例介绍	1学时
8	多元化、立体式、全方位——以区特殊教育指导中心为抓手推进融合教育发展	1学时
9	各类特殊学生的身体特点及教育策略	5学时
10	有爱无碍，静待花开	1学时

表3 普校教师培训内容一览表之资源教师

目的	1.了解各类学生的特点及教育策略 2.能熟练操作各种教育评估工具并撰写评估结果 3.能熟练制定学生IEP并实施 4.能为学生提供抽离训练	
序号	培训课程	学时
1	教育诊断的方法	1学时
2	融合教育的理念与对象	1学时
3	常用评估工具的使用	3学时
4	特殊需求学生的个案管理	1学时
5	评估结果研判与IEP拟订	2学时
6	融合教育中常用的教学策略	3学时
7	IEP会议的组织实施	1学时
8	融合教育中的课程与教学调整	1学时
9	特需生的教育评估初探	1学时
10	TEACCH方法介绍	1学时
11	创造不同的人生——特殊教育导论	1学时
12	融合教育中个别化教育计划的制订与实施	1学时
13	如何引导孩子调整和管理自己的行为情绪	1学时
14	婴儿——初中学生的适应行为	1学时
15	各障碍类型特殊儿童身心特点及教育策略	1学时
16	特殊教育导论	1学时
17	智力障碍学生生理特征及教学策略	1学时
18	听障、视障与语障儿童的生理特征及教学策略	1学时
19	学习障碍、情绪障碍、注意力缺陷学生的生理特征及教学策略	1学时
20	孤独症学生生理特征及教学策略	1学时
21	情绪行为管理	1学时

表4 普校教师培训内容一览表之助理教师

目的	1.学习各类障碍学生身心特点及教育策略 2.学习个案常用的教育策略，如代币制、视觉策略等 3.增进家校沟通的技巧	
序号	培训课程	学时
1	特殊教育导论	1学时
2	智力障碍学生生理特征及教学策略	1学时
3	听障、视障与语障儿童的生理特征及教学策略	1学时
4	学习障碍、情绪障碍、注意力缺陷学生的生理特征及教学策略	1学时
5	孤独症学生生理特征及教学策略	1学时
6	情绪行为管理	1学时
7	视觉策略的运用	2学时
8	个人工作系统	1学时
9	各类辅助沟通策略	2学时
10	代币制的使用	1学时
11	家校沟通的策略和技巧分享	1学时

表5 普校教师培训内容一览表之班级教师

目的	1.学习各类障碍学生身心特点及教育策略 2.学习融合班级管理 3.学习融合班级下的家校沟通策略	
序号	培训课程	学时
1	特殊教育导论	1学时
2	智力障碍学生生理特征及教学策略	1学时
3	听障、视障与语障儿童的生理特征及教学策略	1学时
4	学习障碍、情绪障碍、注意力缺陷学生的生理特征及教学策略	1学时
5	孤独症学生生理特征及教学策略	1学时
6	情绪行为管理	1学时
7	如何进行融合班级的建设	2学时
8	融合班级主题班会开展	1学时
9	融合班级突发事件处理	1学时
10	家校沟通的策略和技巧分享	2学时

第三章

区域融合教育的课程架构

　　随着融合教育的推进，越来越多特殊需求儿童涌入普通学校，逐步形成了"以普通学校随班就读为主体、以特殊教育学校为骨干、以送教上门和远程教育为补充"的三级安置模式。融合教育作为安置残疾儿童、少年的主体，融合教育沟通了普通教育和特殊教育，成为共同研讨和实践的领域，为普特合作提供了机会。提升融合教育质量，就不可避免地关注到"教师教什么""学生学什么"，构建融合教育课程，就成为落实有效融合的必要途径。本章节主要介绍阳光少儿融合教育课程的构建和实施。该课程是在"全人发展"的理念指导下，根据随班就读残疾学生身心特点和实际能力、对普通学校课程计划进行适度调整和补充所产生的，包括学科课程、潜能课程以及适应性课程三部分。

学校多元化课程与专业化发展新视角

一、学校情况介绍

广州市越秀区启智学校自1985年开办第一个特教班，至今已有35年的办学历史。越秀区启智学校是广州市特殊学校中最早实施个别化教育、最早开展融合幼儿园探索模式、最早成立职业高中部、最早成立辅具适配中心、最早开展普特共融计划的学校，这就是启智学校的"五个最早"。

2020年7月，越秀区内两所特殊教育学校整体合并，成为一校三校区的格局，覆盖学前、小学、初中、高中共十五年的特殊教育办学规模。启智学校目前共有3个校区，开设33个教学班，全校学生394人，包含智障、自闭症、脑瘫及多重障碍四种类型，其中智障类111人，自闭症类158人，脑瘫类30人，多重障碍类95人。

学校现有教师184人，其中在职130人，临聘54人。学校教师成长迅速，培养了一批批优秀教师。在历任启智人的不懈努力下，启智学校始终走在全国特殊教育的前列，打造了个别化课程、特奥体育、美术康复、医教结合等多个亮点品牌，成为越秀区教育的一个新名片。启智学校是全国首批医教结合实验基地、广东省特殊教育实验基地，同时多次被授予全国残疾人体育先进单位、全国特奥工作先进单位、广州市特殊教育先进单位等。

越秀区人口接近120万人。常驻人口密度高达每平方公里约3.5万人，成为广州人口密度最高的区，区内特殊学生人数为263人。

二、特殊教育的发展趋势

（1）对特殊儿童的服务越来越专业化。

（2）对特殊教育儿童的教育越来越个别化。

（3）对特殊儿童的教育安置越来越走向融合。

三、个别化教育计划的实施

越秀区是全国最早落实"零拒绝"的区域之一，为了让每一个特殊孩子得到适宜的发展，启智学校于2004年全面实施个别化教育（包括评估、研判、拟定个别化教育计划、实施教学、检核），落实"一生一案"。以适应学生差异为前提，以学生现有水平为基础，以满足其个体发展需要为目的。

四、多元化的课程

启智学校对标国家课标，积极开展以生活适应为核心的个别化教育课程，各年段核心课程的研究，形成学前、低、中、高、职高15年无缝衔接（见表1）。

学前——以康复为核心的五大领域及康复课程。

低年部——以知觉动作为核心的学习适应课程。

中年部——以生活核心的功能性课程。

高年部——以生活为核心的社区适应课程。

职高部——以职业样本为载体，社会职场为核心的职业陶冶课程。

经过学校的教育，学生达成"好公民""好帮手""好家人""好照顾"的四级培养目标。

按不同的差异性规划将来的生活情境—成果指标：好公民—好帮手—好家人—好照顾。

好公民：与一般人一样的生活模式。

好帮手：家庭中的得力助手。

好家人：家中稳定的一分子。

好照顾：需要全面支持，但照顾者较不费力。

表1 多元化课程

年段	培养目标	核心课程
学前	学前部依据教康结合、早期干预、潜能开发的办学定位，在遵循幼儿身心发展规律的同时，把握好学前段康复的黄金期，利用科学的康复手段最大限度地缩小学生与普通孩子的差距，使其顺利进入小学阶段。	在医教结合理念下以康复为核心的五大领域课程。
低年部（1、2、3年级）	通过生活核心的主题式教学，结合跨专业整合的康复手段，把学生培养成为自我认识、配合他人，有基本的学习适应能力的"好照顾"儿童。	基于新课标下的以知觉动作为核心的学习适应课程。
中年部（4、5、6年级）	通过生活核心的主题式教学，运用康复支持性手段，把学生培养成为掌握适应生活的基本知识和简单生活技能的"好家人"。	基于新课标下以生活为核心的功能性课程。
高年部（7、8、9年级）	通过生活核心的主题式教学，结合购物与服务、烹饪与家政、休闲与整理等核心板块训练，把学生培养成一个独立自处，并能参与一般社区活动的"好帮手"。	基于新课标下以生活为核心的社区适应课程。
职高部（职一、职二、职三）	通过不同的职业样本训练，培养具有良好职业人格，掌握基础工作技能，在一定支持下能独立工作，懂得休闲活动，享有更精彩人生的"好公民"。	以职业样本为载体，自然融入社会职场为核心的职业陶冶课程。

"医教结合精准康复"经历的阶段。

·专业康复组的发展

·跨专业康复组的整合

·医院康复科介入的医教结合模式

除此以外，学校还应特殊学生全面发展的需求，开发了一系列的特色课程，如特奥项目、美术康复、劳动教育、性教育、康复课程等，构建了一系列"五育并举"的具有特校特色的校本课程。

启智学校的课程建设起步较早，积累了一定的经验，在专业化的进程中发挥了重要的作用。

五、教师专业化发展

特殊学生个体差异大，要提供适合学生的教育，课程多元化设计以及精准康复的背后，势必对教师专业化有着更高的要求，因为只有教师专业化，才能解决教育质量的问题。

（一）专业化发展实施的背景

1. 政策的出台

2. 社会上的呼声大

A. 教师专业化发展是我国特殊教育教师队伍建设的政策要求。

B. 教师专业化发展是教育对象的需求。

C. 教师专业化发展是应对融合教育发展趋势的重要行动。

3. 教师专业化的定位

高素质、专业化、创新型。

（二）培智类学校教师专业化发展的定位

专业知识——掌握特殊儿童的特点和训练方法。

专业能力——出现问题知道怎么办。

专业判断——能敏感地发现常人没注意的问题。

（三）专业化发展的总体目标

（1）搭建平台，有效提升工作效能。

（2）打造专向、跨专业人才及复合型教师，进一步充实人才储备。

（3）扩充特教专业的广度和深度。

（4）培养一批勤思善学的教师。

① 专业自信

·特殊教育教师不仅需要有爱心、耐心、责任心，更需要有持之以恒的精神，决不放弃每一名特殊儿童，坚信孩子能发展。

·对特殊教育教师职业认同。

·发挥除教学本身之外的重要价值，应通过自身的努力倡导和促进整个特殊教育行业的发展。

② 专业自爱

·爱特教教师这份职业。

·爱自己。

③ 专业自主

·教师自我发展的意识和能力。

·充分调动专业发展的内在动机，将特殊教育教师专业发展的过程由被动接受转变成主动参与和建造。

（四）启智学校教师"优才计划"

1. 梯队教师专业培训要求（1.0版）

学习者——掌握特教基本功、基本概念；帮助家长提供特教方法策略。

追随者——熟练掌握各障碍类别情况及有效策略。个案有转变及获普遍认可。把IEP整合到主题活动中，善用策略支持手段，形成个人专业发展方向，具有一定解决实际问题的能力。

推动者——带领本专业领域，成为团队学习带头人，获校长、主管认可；引领学校专项成为学校专项名师；最大化发挥个人实力协助学校营造品牌项目、促进学校专业发展、提高学校声望。

2. 梯队教师专业培训要求（2.0版）

（1）"优才计划"的定位。

（2）"优才计划"的实施。

（3）培养方式——周期制、学分制（培养方式、考核形式、达成目标）。

多元化区域性融合教育课程建设

——以广东省广州市越秀区为例

为了进一步提升当前的融合教育效能，满足随班就读学生的个别化教学需求，有必要建设一套适应区域发展趋势，立足于区域融合教育现状的课程，为资源老师提供课程实施支持、为班任老师提供教学指引，为学生提供有效的随班就读课程服务。本研究旨在提出一套融合教育课程，其中包含了课程理念、课程适用对象、课程目标、课程内容及课程实施建议等多方面的内容，以期为教师提供制订个别化教育计划、调整教学内容以及选定随班就读学生教学资源提供帮助。

一、多元化区域性融合教育课程建设

1. 学科学习课程（略）

2. 辅助课程

（1）课程背景

辅助课程是在正式学科课程之外的，针对融合教育中所有需要特殊学习支持的学生设计的提升学习以及生活能力的课程。

2020年6月28日，教育部印发的《关于加强特殊儿童少年义务教育阶段随班就读工作的指导意见》指出，随班就读工作要"注重课程教学调适"，具体的要求为普通学校应根据国家课程方案等，结合学生的特殊需要对课程进行合理调整。探索适合特殊学生或学习困难学生进行的学习课程，是当今融合教育发展及质量提升的不可缺失的一环。另外，需要逐步提升随班就读学生的生活劳动能力，为学生进行潜能开发及缺陷补偿。在教学内容上还需丰富公共安全、生活适应、劳动技能、心理健康和体育艺术等内容，逐步提升学生的自主生活质量和劳动能力。除学科课程外，生活以及相关技能的辅助学习课程，也是融合教育课程中不可缺失的一环。

（2）课程总目标

辅助课程重在为学生参与课堂及学校生活提供必要的支持，让学生在课堂中独立，在学校中自强。通过康复提升课程，增进学生的认知学习基础能力，发展自主学习能力，全面改善自我管理及辅助技术应用的能力；借助潜能开发课程，提升学生娱乐休闲技能及时间管理成效，丰富校园生活，培养学生成为"有才"之人；通过生活适应课程，改善学生校园适应能力及参与学校常规活动的技巧，培养其"有礼""勤奋"的品质。

（3）课程分目标

① 康复提升：提升学生的记忆力、专注力及逻辑能力，满足学生的学科学习需要，建立有效的学科学习技能、自我管理能力及辅助技术应用能力，提升学生在校学习的独立性。

② 潜能开发：培养学生参与绘画手工、演唱弹奏及体育竞技的兴趣，并增进相应技能，满足学生多元发展的需要；建立学生的娱乐休闲技能，提升其校园生活的参与度及独立生活的能力。

③ 生活适应：建立学生对校园生活的适应性，让学生可以遵守课堂常规，与他人友好相处，乐于参与班集体活动；提升学生在校的自我服务能力，让学生有效管理物品、使用物品及独立自理；培养学生的公益劳动兴趣及建立相应技能，让学生更有效地参与校园生活。

（4）课程内容

辅助课程重视技能发展，以谋求学生更好地参与学校生活。课程内容将侧重实操性、功能性、适应性及全面性等的原则，通过借鉴《3—6岁儿童学习与发展指南》、《义务教育学科课程标准（2011年版）》、《培智学校义务教育课程标准（2016年版）》、《生活适应能力检核手册》（王天苗）、《婴幼儿发展评估表》、《融合教育中特殊教育需求学生学习适应辅助课程纲要》（重庆师范大学融合教育研究中心）、《社会技巧训练课程》（洪俪瑜）、《启智学生以生活为导向功能性课程评量》（林丽英）、《基础语言及学习技能评估》（The Assessment of Basic Language and Learning Skills）和《功能性生活技能评估》（The Assessment of Functional Living Skills）等，进行融合教育辅助课程的内容完善（见表1）。

表1

内容	领域	分领域	技能	目标
康复提升	基础学习能力	注意力	会专心地看着眼前或周围的人事物	1.会短暂地看着眼前的东西 2.会持续地看着眼前的东西 3.会短暂地看周遭发生的事 4.会持续且专心看着周遭发生的事
			能专心地听声音或听别人说话	1.能注意听熟悉的声音 2.能不受其他声音干扰，专心听别人说话 3.能专心听别人说话且持续一段较长时间
			能专心玩玩具	1.能自己专心玩玩具5分钟 2.能自己专心玩玩具10分钟以上
			能专心听故事	1.能专心听故事约5分钟 2.能专心听故事约10分钟 3.能专心听故事15分钟以上
			能专心看故事书	1.能专心看故事书约5分钟 2.能专心看故事书约10分钟 3.能专心看故事书15分钟以上
			能专心参与团体活动	能专心参与动态的团体活动
		记忆力	会寻找在眼前消失的东西	1.会寻找在眼前消失的东西 2.会寻找掉到身后的东西
			会指认人物和找东西	1.能从实物中，指认看过的东西 2.能从照片中指认熟人 3.会从图中，指认看过的东西 4.会把东西从固定放的地方找出来
			听完故事，能说出故事内容	1.听完故事，能说出二三个简单的故事情节 2.听完故事，能说出故事所有的重要情节 3.听完故事，能依照顺序详细重述故事的内容

续 表

内容	领域	分领域	技能	目标
康复提升	基础学习能力	记忆力	会背出儿歌或童谣	1.当别人唱熟悉的儿歌或童谣时，会跟着唱其中的部分歌词 2.至少会背出一首童谣或儿歌
			会说发生过的事	1.能说刚发生或当日发生的事 2.会说过去发生的事
		推理能力	会用不同方法玩玩具	1.会碰触或摇动悬吊在摇篮的玩具 2.会以简单方式玩玩具 3.会依玩具的功能来玩玩具 4.一种玩具有二种以上的玩法
			能玩组合玩具	1.会组合简单的玩具 2.会组合复杂的玩具
			能知道东西之间的关系	能知道东西之间的关系
			能指出或说出错误及不合理处	1.看到错误或不合理处，会指出来 2.听到错误或不合理处，会说出来
			会依照事情发生的关系，推断可能的结果	会依照事情发生的关系，推断可能的结果
			会把某物当成别的东西玩	1.会把某物当成另一物玩 2.会把某物当成数物玩
			会玩扮演的游戏	1.会和洋娃娃或布偶说话 2.会用玩具扮演不同的角色 3.自己会扮演不同角色
			会排除障碍物	1.推开挡住视线的东西 2.爬行遇到障碍物，会绕过障碍物或把障碍物移开
			会想办法解决问题	1.会想办法拿到想要的东西 2.会用不同的方法解决问题
			会做选择	1.能从两件东西中，选择其中之一 2.能从几样东西中，选择其中之一

内容	领域	分领域	技能	目标
康复 提升	基础学 习能力	感知觉	推理 能力	会回答"如果……，你要怎么办"的问题
			会回答"如果……，你要怎么办"的问题	
			会应用视觉参与活动	1.能对各种视觉刺激有反应 2.能追视眼前移动的人或物品 3.能辨别不同物品 4.能利用视觉完成简单的动作模仿 5.能察觉到人或物品从原来的位置消失 6.能察觉部分被遮挡的物品 7.能感知不同方位的人或物品
			会应用听觉参与活动	1.能对各种听觉刺激有反应 2.能追踪声源 3.能辨别不同声音 4.能在相同的声音再次出现时做出相似的反应
			会应用触觉参与活动	1.对各种触觉刺激有反应 2.能辨别物品的形状、大小、软硬、干湿等 3.能分辨出刚刚触摸过的物品
			会应用味觉参与活动	1.对各种味觉刺激有反应 2.能辨别酸、甜、苦、辣等味道 3.能分辨出刚刚品尝过的食物
			会应用嗅觉参与活动	1.对各种嗅觉刺激有反应 2.能辨别各种气味 3.能分辨出刚刚闻过的气味
			会应用前庭觉和本体觉参与活动	1.在不同状态能感知身体各部的位置 2.在运动或受到外力作用时，能保持身体平稳 3.在活动中能维持身体协调
		动作	具备姿势控制能力	1.坐位、立位下能维持头颈部直立 2.在地面或座椅上能维持坐位 3.俯趴、爬、跪坐或立位下能维持手部支撑 4.能维持双膝跪位或单膝跪位 5.能维持立位 6.能维持蹲位

内容	领域	分领域	技能	目标
康复提升	基础学习能力	动作	具备移动能力	1.坐位、立位或俯趴下能完成头部活动 2.侧卧位、仰卧位或俯卧位下能翻身 3.能从侧卧位、仰卧位或俯卧位转换至坐位 4.能腹爬、四点爬 5.能通过跪位移动 6.能进行姿势的转换，如由跪坐位到立位、由蹲位到立位等 7.能行走 8.能快走，为跑步做准备 9.能上下楼梯 10.能双脚跳或单脚跳
			具备平衡与协调能力	1.能在仰卧位进行活动 2.能在俯卧位双上肢支撑下进行活动 3.能在四点跪位进行活动 4.能在坐位进行活动 5.能在跪立位进行活动 6.能在立位进行活动
			具备手部动作能力	1.能伸手朝向要取的物品 2.能完成指点、抓握、拿取、摆放、摇晃、敲击、按压、推拉、揭开、扭转等基本动作 3.能双手配合完成拍手、双手捧、传递等手部动作
			能手眼协调	1.能完成叠积木等活动 2.能完成串珠、插棒等活动 3.能将拼图对准并放在准确的位置
			能握笔写画	1.能用前三指握笔涂鸦 2.能在一定范围内涂色 3.能模仿画线条及简单图形，如"｜""—""○"等
			能使用工具	1.能使用瓢、勺类工具舀（倒）物品 2.能使用粘贴类工具粘贴物品 3.能使用夹子夹取物品 4.能使用印章等工具印画 5.能开合剪刀剪纸
		沟通与交往	具备言语准备技能	1.在说话时能恰当地呼吸 2.能发出不同的声音，如哭、笑声等

104

内容	领域	分领域	技能	目标
康复提升	基础学习能力	沟通与交往	具备言语准备技能	3.能辨别语音 4.能正确发出简单语音
			具备前沟通技能	1.能有与人沟通的动机 2.能发现身边出现的人、物品及事件 3.两人互动时能关注对方 4.能关注多人互动的焦点并转移注意力 5.能根据沟通情境的变化做出相应反应
			能进行非语言沟通	1.能与他人有意识地保持目光接触 2.能对他人传递的信息有恰当的响应 3.能用表情、动作或沟通辅具等与他人进行基本的沟通 4.能用表情、动作或沟通辅具等表达自己的情绪 5.能用表情、动作或沟通辅具等简单陈述事件
			能进行基本的口语沟通	1.能理解语音的含义 2.能听懂常用词语和词组 3.能听懂日常沟通中的简单句 4.能听懂日常沟通中两个以上的指令 5.能用声音、简单词语进行表达 6.能用常用词语和词组表达需求、拒绝、情绪和描述事件 7.能用常用句表达需求、拒绝、情绪和描述事件 8.能使用两个以上句子表达需求、拒绝、情绪和描述事件
		情绪与行为	能识别基本的情绪	1.能从面部表情、言语、动作等识别他人高兴或不高兴的情绪 2.能从面部表情、言语、动作等识别他人其他简单的情绪
			能进行情绪表达	1.能以面部表情、言语、动作等适当表达自己的情绪 2.能在不同情境下适当表达自己的情绪
			能理解基本的情绪	1.能辨别不同情境并理解自己的情绪 2.能辨别不同情境并理解他人的情绪
			能进行调节	1.能用安全、不干扰他人的方式调控自己的情绪 2.能用寻求帮助的方式调节自己的情绪

续 表

内容	领域	分领域	技能	目标
康复提升	基础学习能力	情绪与行为	能应用适当的行为参与活动	1.能用适当行为获取他人注意 2.能用适当行为选择喜欢的物品或活动 3.能用适当行为逃避不喜欢的物品或活动 4.能用适当行为获取感官刺激
	自主能力	学习策略	阅读问题的处理	1.初读全文，找出生字 2.有一定的阅读品质（不丢字、不添字、不替换、不倒字、不错字，不停顿、声音和语速正常、有感情，能提出问题、摘要重点、顺序、归纳主题） 3.澄清问题，体验感情、养成好的阅读习惯
			书写问题的处理	1.书写姿势（一拳、一寸、一尺） 2.笔画结构与技巧 2.1模仿书写（连线、描红、标记易错部位，示范书写） 2.2理解字义 2.3分析字形结构 2.4类聚比较（同音、形近） 2.5会查字典 2.6积极订正错别字 3.书写速度正常 4.书写整齐
			写作文问题的处理	1.正确使用语法 2.正确使用标点 3.逐渐增加段落句子数量和长度 4.写日记 5.看图说故事 6.写提纲（审题、选词、情感、分析主题） 7.开头句、主题句、结束语 8.修改作品
			算术与数学问题的处理	1.利用实物和图形 2.以字词、图形、符号或等式来简化问题 3.以不同方式提出问题 4.计数策略 5.应用题解题策略 5.1阅读问题 5.2分析问题

内容	领域	分领域	技能	目标
康复提升	自主能力	学习策略	算术与数学问题的处理	5.3拟订计划（根据已知或所求条件，列出算式） 5.4执行计划（以各种方式计算正确答案） 5.5验证答案 6.实际动手操作、反复练习 7.进行元认知技能的训练
		自我管理	能表现适当的行为	1.不表现攻击行为 2.不表现自伤行为 3.不表现干扰行为 4.在各种环境中表现时会适应行为 5.听从多个照顾者的指令 6.在不同情境中表现合作及服从行为
			能维持稳定的情绪	1.被要求安坐时，能表现稳定的情绪 2.变换路线时，能表现稳定的情绪 3.变换常规物品位置时，能表现稳定的情绪 4.被要求穿不一样的衣物时，能表现稳定的情绪 5.能接受各种食物 6.在嘈杂的环境中，能表现稳定的情绪 7.计划变化、活动取消或被拒绝时，能表现稳定的情绪 8.计划外事件发生时，能表现稳定的情绪 9.常规日程有变化时，能表现稳定的情绪 10.需要的物品遗失时，能表现稳定的情绪 11.在进行困难任务时，能表现稳定的情绪 12.服从集体指令时，能表现稳定的情绪 13.配合进行自理活动时，能表现稳定的情绪 14.能接受剪头发
			互动中，能表现适当的行为	1.能不随意接触他人身体 2.能了解并执行不同场所的规则 3.能遵从各种权威人士的要求 4.能适当回应以处理他人的不适当行为
			能进行自我奖励	1.能找出自己值得鼓励的事 2.能决定一件值得鼓励的事 3.能用口语奖励自己 4.能想一想还有什么奖励的方式 5.能自己决定如何奖励自己

内容	领域	分领域	技能	目标
康复提升	自主能力	辅助技术的应用	能接受辅具	1.能接受不同用途的辅助技术 2.能了解辅具的用途
			能应用辅助技术	1.能应用单一的辅具 2.能在不同情境中使用同一辅具 3.能根据情境选择辅具并应用
			能进行辅具管理	1.能保持辅具清洁 2.能把辅具放在特定的位置 3.能及时报告辅具的损坏
潜能开发	艺术课程	审美感知	音乐	能体验音乐的情绪与情感，了解音乐的基本特征，感知音乐的艺术形象，对音乐产生兴趣
				能积极参与演唱、演奏、歌表演、律动、音乐游戏、舞蹈、戏剧表演等艺术活动，积累实践经验，享受艺术表现的乐趣，并在各种艺术实践中初步建立规则意识和合作意识
				对音乐有好奇心和探究欲，能在探究声音与音乐的过程中表达自己的想法和感受
				能领悟音乐的思想感情和内涵意蕴，增强爱党、爱国、爱社会主义的情感和乐观的态度，及对美好事物的热爱之情
				加深对音乐感性特征和审美特质的感知、体验与理解，提高音乐欣赏和评述能力；对音乐有较浓厚的兴趣
			美术	能感知身边的美，认识美存在于我们周边，初步形成发现、感知、欣赏美的意识
				能运用造型元素、形式原理和欣赏方法，欣赏、评述艺术家的作品，感受中外美术作品的魅力
		艺术表现	音乐	能自信、自然地进行演唱、演奏、歌表演、律动、音乐游戏、舞蹈、戏剧表演等艺术活动，乐于表达自己独特的感受和想法，在实践中增强规则意识、责任意识和学习意志力等，发展交流与合作能力
			美术	能使用不同的工具、材料和媒介，按照自己的想法，以平面、立体或动态等表现形式表达所见所闻、所感所想

内容	领域	分领域	技能	目标
潜能开发	艺术课程	艺术表现	美术	学会从外观和使用功能等方面了解物品的特点，能针对某件物品的设计提出自己的改进意见，进行装饰和美化，初步形成设计意识
				能利用不同的工具、材料和媒介，体验传统工艺，学习制作工艺品，知道中国传统工艺是中华民族文化艺术的瑰宝，增强民族自豪感
				能积极参与班级或小组开展的美术与其他艺术及其他学科相结合的造型游戏活动，初步形成综合探索与学习迁移的能力
				能运用传统或现代的工具、材料和媒介，创作平面、立体或动态等表现形式的美术作品，表达自己的所见所闻、所感所想，学会以视觉形象的方式与他人交流
				了解"实用与美观相结合"的设计原则，为班级、学校的活动设计物品，体会设计对改善和美化我们的生活的作用
				能运用传统与现代的工具、材料和媒介，以及习得的美术知识、技能和思维方式，创作平面、立体或动态等表现形式的美术作品，提升创意表达能力
				能根据"人与自然和谐共生"的设计原则，对学校或社区进行环境规划，增强社会责任意识
		创意实践	音乐	对音乐保持好奇心和探究欲，能在探究、即兴表演和编创等艺术创造活动中展现个性和创意
				乐于参与多种与音乐相关的艺术表现活动，展现自己的个性化理解和创意，在实践中增强交流与合作能力，学会尊重、理解和包容他人，养成守规则、负责任等良好品质
				能选用合适的音乐作品表达自己的情感，编创与展示简单的音乐作品，具有一定的想象力和创造力
			美术	能结合校园现实生活创编校园微电影，将不同学科的知识融为一体，增强综合探索与学习迁移的能力

续 表

内容	领域	分领域	技能	目标
潜能开发	艺术课程	创意实践	美术	能将美术与自然、社会及科技相融合，探究各种问题，提高综合探索与学习迁移的能力
		文化理解	音乐	具有丰富的音乐情绪与情感体验，在与音乐作品的情感共鸣中焕发爱党、爱国、爱社会主义的情感，形成乐观的态度以及对美好事物的关爱之情
				感知、体验、了解音乐的感性特征和审美特质，养成良好的欣赏习惯，能对音乐作品和音乐活动进行简单评价，增强对音乐的兴趣
				初步了解中国音乐文化和世界多元音乐文化
				对身边的音乐和音乐现象感兴趣，能与他人分享、交流自己的发现和感受
				在音乐体验中唤起爱党、爱国、爱家乡的情感，初步具有乐观的态度以及对身边人的友爱之情
				增进对中国音乐文化的了解和喜爱之情，了解世界多元音乐文化，开阔文化视野
				关注社会生活和社会文化中的音乐现象，对音乐与其他艺术、其他学科，及个人、自然、生活、社会、科技的联系有初步的了解
				理解中国音乐文化中的中华美育精神和民族审美特质，增强文化自信；进一步了解、尊重世界多元音乐文化
				能从文化的角度理解音乐与姊妹艺术、其他学科，以及个人、自然、生活、社会、科技的广泛联系，对社会生活和文化中的音乐现象有自己的想法
			美术	能利用不同的工具、材料和技能，制作传统工艺品，学习工艺师敬业、专注和精益求精的工匠精神
				能运用造型元素、形式原理和欣赏方法，欣赏、评述世界不同国家和地区的美术作品，领略世界美术的多样性和差异性，养成尊重、理解和包容的态度
				能利用不同的工具和材料，制作或创作工艺品，体会传统工艺"守正创新"的内涵与意义

续表

内容	领域	分领域	技能	目标
潜能开发	体育	运动能力	水平一	积极参与各种体育游戏，感受体育活动的乐趣
				学练和体验移动性技能、非移动性技能、操控性技能等基本运动技能
			水平二	积极参与多种运动项目游戏，感受运动乐趣
				学练体能和多种运动项目的知识与技能，能进行体育展示或比赛
				运用所学知识观看体育展示或比赛
			水平三	积极参与运动项目学练，形成运动兴趣
				体能水平显著提高，掌握运动项目的基本知识，学练运动项目的技战术，并能在体育展示或比赛中运用
				运用比赛规则参与裁判工作，观看体育比赛并能进行简要评价
			水平四	形成对所学运动项目的兴趣和爱好
				体能获得全面协调发展，理解运动项目的相关原理、历史和文化
				能运用知识与技能分析和解决体育展示或比赛中遇到的问题
				掌握1—2项运动技能
				经常观看国内外重大体育比赛，并能做出分析与评价
		健康行为	水平一	感受体育锻炼对健康的重要性，参与校内外体育活动
				知道个人卫生保健、营养膳食、安全避险等
				健康知识和方法，并将其运用于日常生活中
			水平二	了解体育锻炼对健康的重要性，积极参与校内外体育活动
				了解个人卫生保健、营养膳食、青春期生长发育、运动、伤病、安全避险等健康知识或方法，并将其运用于日常生活中
			水平三	理解体育锻炼对健康的重要性，主动参与校内外体育锻炼

内容	领域	分领域	技能	目标
潜能开发	体育	健康行为	水平三	将健康与安全知识和技能运用于日常生活中
			水平四	有规律地参与校内外体育锻炼
				运用健康与安全知识和技能进行健康管理的能力增强
		体育品德	水平一	活泼开朗，体验快乐
				乐于与他人交往，适应自然环境
				在体育活动中表现出不怕困难、努力坚持的意志品质
				按照要求参与体育游戏
				在体育活动中尊重教师、爱护同学，能扮演不同的运动角色
			水平二	关注自己情绪的变化
				积极与他人沟通和交流，适应自然环境的变化
				在有一定难度的体育活动中表现出勇敢顽强、克服困难的意志品质
				按照规则和要求参与体育活动
				在体育活动中表现出文明礼貌、乐于助人的行为
			水平三	遭受挫折和失败时保持情绪稳定
				交往与合作能力提升，适应自然环境的能力增强
				在有挑战性的体育活动中能迎难而上，表现出自信和抗挫折能力
				遵守各种规范和规则，尊重裁判，尊重对手，表现出公平竞争的意识
				具有团队精神和集体意识，能接受比赛结果
			水平四	情绪调控能力增强，心态良好，充满青春活力
				善于沟通与合作，适应多种环境
				积极应对体育活动中遇到的困难，表现出吃苦耐劳、敢于拼搏、勇于争先的精神
				做到诚信自律、公平公正，规则意识强
				具有责任意识和集体荣誉感，能正确看待比赛的胜负

内容	领域	分领域	技能	目标
潜能开发	娱乐与休闲	玩玩具	能用适当的方式玩玩具	1.寻找玩具 2.正确玩玩具 3.想象性玩玩具 4.独立玩玩具并配以适当的语言
		玩游戏	能适当地参与到游戏活动中	1.与其他小伙伴一起玩 2.和其他小朋友一起玩时能与小朋友交谈 3.社会性假扮游戏
		休闲方式	能有适当的休闲方式	1.适当的独立室内休闲方式 2.适当的互动性休闲方式 3.适当的室外活动
生活适应	校园适应	环境适应	遵守基本的行为规范	1.在提醒下，能遵守游戏和公共场所的规则 2.知道不经允许不能拿别人的东西，借别人的东西要归还 3.能在成人提醒下，爱护玩具和其他物品 5.感受规则的意义，并能基本遵守规则 6.不私自拿不属于自己的东西 7.知道说谎是不对的 8.知道接受了的任务要努力完成 9.能在提醒下，能节约粮食、水电等 10.能理解规则的意义，能与同伴协商制定游戏和活动规则 11.爱惜物品，用别人的东西时也知道爱护 12.做了错事敢于承认，不说谎 13.能认真负责地完成自己所接受的任务 14.爱护身边的环境，注意节约资源
		常规遵守	遵守群体指令	1.小组中能坐得住 2.大组中能坐得住 3.小组中能注意老师 4.小组中能注意其他学生 5.能举手引起老师注意 6.能听从小组的共同指令 7.能听从有针对性的集体指令答简单问题 8.能举手并回答简单问题 9.能举手并命名物品 10.能举手并回答问题 11.能在小组教学中与其他同学轮流做活动 12.能在小组教学中学习新的技能

内容	领域	分领域	技能	目标
生活适应	校园适应	常规遵守	遵守教室常规	1.能听从老师排队 2.能拿或归还自己的物品 3.能完成一项工作并给老师 4.能独立完成非学术类的工作 5.能独立完成学术类的工作 6.能转换活动地点（教室） 7.在上课间歇能坐着等待 8.在上课间歇能站着等待 9.能排队等待做某事 10.能遵守日常常规
		参与活动	能与同伴友好相处	1.想加入同伴的游戏时，能友好地提出请求 2.在成人指导下，不争抢、不独霸玩具 3.与同伴发生冲突时，能听从成人的劝解 4.会运用介绍自己、交换玩具等简单技巧加入同伴游戏 5.对大家都喜欢的东西能轮流、分享 6.与同伴发生冲突时，能在他人帮助下和平解决 7.活动时愿意接受同伴的意见和建议 8.不欺负弱小 9.能想办法吸引同伴和自己一起游戏 10.活动时能与同伴分工合作，遇到困难能一起克服 11.与同伴发生冲突时能自己协商解决 12.知道别人的想法有时和自己不一样，能倾听和接受别人的意见，不能接受时会说明理由 13.不欺负别人，也不允许别人欺负自己
			愿意与人交往	1.愿意和小朋友一起游戏 2.愿意与熟悉的长辈一起活动 3.喜欢和小朋友一起游戏，有经常一起玩的小伙伴 4.喜欢和长辈交谈，有事愿意告诉长辈 5.有自己的好朋友，也喜欢结交新朋友 6.有问题愿意向别人请教 7.有高兴的或有趣的事愿意与大家分享
			关心尊重他人	1.长辈讲话时能认真听，并能听从长辈的要求 2.身边的人生病或不开心时能表示同情 3.在提醒下能做到不打扰别人

内容	领域	分领域	技能	目标
生活适应	校园适应	参与活动	关心尊重他人	4.会用礼貌的方式向长辈表达自己的要求和想法 5.能注意到别人的情绪，并有关心、体贴的表现 6.知道父母的职业，能体会到父母为养育自己所付出的辛劳 7.能有礼貌地与人交往 8.能关注别人的情绪和需要，并能给予力所能及的帮助 9.尊重为大家提供服务的人，珍惜他们的劳动成果 10.接纳、尊重与自己的生活方式或习惯不同的人
			喜欢并适应群体生活	1.对群体活动有兴趣 2.对幼儿园的生活好奇，喜欢上幼儿园 3.愿意并主动参加群体活动 4.愿意与家长一起参加社区的一些群体活动 5.在群体活动中积极、快乐 6.对小学生活有好奇和向往
		综合应用	处理抱怨	1.能表达自己对什么事不满 2.能说出是谁引起自己的不满 3.知道向别人表达不满的方式 4.提出自己对此问题积极的建议 5.能询问对方的感受 6.能倾听抱怨的内容 7.能询问不了解的地方 8.能同理对方的情绪 9.能想出可能解决的方式 10.能选择解决方式
			能协商	1.能判断自己是否与他人意见不一致 2.能用友善的方式说明自己对问题的看法 3.能询问对方的看法 4.能讨论可能的方式 5.能决定处理的方式
			处理嘲笑	1.判断别人是否真的在嘲笑自己 2.知道处理嘲笑的理由 3.知道处理嘲笑的方式 4.能选择处理的方式
			避免麻烦	1.能评估事情的后果 2.能决定要不要避开这件事

内容	领域	分领域	技能	目标
生活适应	校园适应	综合应用	避免麻烦	3.知道避开的各种方式 4.能决定避开的方式
			处理小报告	1.能判断他人报告的事情是否属实 2.知道对方打小报告的理由 3.知道处理小报告的方式 4.能决定处理的方式
			处理团体压力	1.知道团体是否给自己压力 2.知道团体要自己做什么 3.知道自己想做什么 4.知道拒绝团体压力的方式 5.能决定处理团体压力的方式
	自我服务	使用物品	使用常见用品	1.会使用学习用品 2.会使用家具、床上用品等房间中的物品
			使用常见用具	1.会使用并清理雨具 2.会使用电视、热水器等常见的家用电器 3.会使用常见锁具 4.会使用餐具、茶具 5.会使用常用生活器具
			使用电器	会使用电暖气等家用电器
		收拾物品	整理衣物	1.会整理小件衣物 2.会整理较大件衣物
			整理学习用具	会整理理学习用品
		穿脱衣物	穿脱简便的衣服、鞋袜	1.会自己穿、脱鞋 2.会自己穿、脱袜子 3.会自己穿、脱裤子 4.会自己穿、脱外套 5.会自己穿、脱套头衣
			穿脱较复杂的衣服	1.会自己解、扣扣子 2.会自己脱、拉链
	公益劳动	清扫技能	打扫场室	1.能打扫教室 2.能打扫校园 3.能开关教室或楼道的灯、门窗 4.能清扫教室、校舍、校园等

内容	领域	分领域	技能	目标
生活适应	公益劳动	清扫技能	清洗物品	1.会清洗、晾晒小件衣物 2.会刷洗鞋、书包等物品 3.会清洗、晾晒、折叠薄厚适中的衣物 4.会刷洗餐具、茶具、炊具 5.会打扫卫生间 6.会使用吸尘器等清洁电器 7.会擦玻璃
		环境支持	浇花	能浇花
			环境布置	1.会布置、装饰校内环境 2.会打扫、整理厨房 3.会美化、装饰房间
		物品维护	维修用品	能维修课桌椅等
			修补图书	能修补图书

（5）实施建议

该生活辅助课程以课程实施指引为主，借由教学资源（如活动设计、作业、学习指导、课间、媒体资料等）开展教学。实施模式参考介入反应（response to intervention，即RtI）模式。该模式概念源自鉴定学习障碍学生的问题，认为只要学生存在问题，就可以要求介入。介入反应模式分为三个层次。层次一时全班和小组教学结合，较常以"大团体"方式进行。层次二的介入以小组教学为主，教学对象为有相同问题的学生，时长为每周3—4次。介入重点为多次练习层次1成功的节能。在层次三，介入通常是小团体，有时包含一对一指导，介入密度为每周5次左右。介入内容为具体的策略训练。介入的课程常需要进行仔细排序、任务难度需进行设定、给予学生明确的反馈以及精准的练习。

参考RtI模式，辅助课程的实施以普通课堂活动支持为主，抽离训练为辅的方式进行。普通课程活动支持为教师选用辅助课程的课程活动，利用普通课堂中系统专门的练习时间，协助学生进行能力提升。抽离训练为在活动支持无法满足学生发展情况下，老师利用活动指引，为有需要的学生提供一对一教学，提升学生的某项重要的技能。

二、多元化区域融合教育课程的特色

1. 理念科学，扎实课程发展基础

本研究中的融合教育课程是基于"阳光教育"及"五育并举"的理念提出的，课程的建设一定程度上满足了时代对教育发展的期望及要求。

课程建构参考阳光教育理念，期待让学生的校园学习生活充满阳光，向阳奋进。学科的课程学习，基于学生的现有能力水平，让学生自尊且自信地迎接下一个挑战；辅助课程提供了足够的学习支持，补足基础能力，提供康复及辅助技能，让学生越发独立，茁壮成长以面对未来的挑战；潜能开发为学生的校园生活添光加彩，丰富学生的全面发展，越发放光芒。

基于"五育并举"，德智体美劳全面发展的需要，以全新的角度探讨融合教育课程的建设路径，加强生活适应教学，落实德育任务。对特殊学生开展常规教学，在一定程度上可协助学生遵守课堂规则、与同伴友好交往以及参与学习活动，从而提升学生的德育水平。执行学业分层支持，满足智育要求。智育重视提升学生的智力发展。学科学习内容，参考学前儿童、义务教育或培智学校的相关课程标准。除了具体的学习内容外，还提供了学业策略及自我管理支持。增进娱乐休闲技能，拓宽体育和美育路径。课程提供绘画手工、演唱弹奏、体育竞技及娱乐与休闲的技能支持。分析劳动任务，优化劳育实践。基于普通学生学校生活的一日流程，分析在普通教育环境中学生必备的劳动技能，校内劳动技能一般包含打扫、清洁、开关门窗、浇花、修补图书、维持桌椅、布置环境等。

2. 适用对象广，满足个别化需求

本研究提出的融合教育课程的设计使用对象为6—12岁的具有随班就读资格的学生，能在一定程度上满足学生学科学习需要以及为学生提供有效的辅助技能支持。在学科学习课程中，内容涵盖了学前到六年级的语文及数学学习知识及要求，包含了特殊学生及普通学生的学习要求及技能，能为在义务教育中的全年龄段学生提供学科学习支持，也能为教师提供调整课程内容、教学设计及作业设计方面提供便利。另外，辅助课程涉及学习、技能开发及适应行为等方面，能改善随班就读学生的学习能力、技能表现以及适应性，让随班就读学生

更好地参与校园生活。

另外，本课程能为除随班就读学生以外的特殊学习需要的学生提供教学支持，如为部分学习困难学生提供学科学习的技能支持，为校园适应不良的学生提供行为支持等。理论上，本课程能为普通学校的所有学生提供教学支持。学科课程的内容在考虑融合教育的综合性的情况下，进行了大量的保留，适合所有的学生；辅助性的课程涵盖了学生参与学习活动及社会活动必备的知识与技能，能为普通教育教师开展课程支持以及分析教学目标提供帮助，满足所有学生的个别化教学需求。

3. 课程内容丰富，符合随班就读支持需要

本研究提出的课程内容借鉴《3—6岁儿童学习与发展指南》《义务教育学科课程标准（2011年版）》及《培智学校义务教育课程标准（2016年版）》等国家认证及通过大量专家研讨而出的国家课程标准，一定程度上符合国家对于儿童发展的期望和要求。学科学习的课程涵盖了学前的语文及数学的学科学习准备，能在一定程度上满足无法跟随学科教学的特殊学生的需求。除此之外，学生的基础学习要求从义务教育的课程标准中来，为学生的学科学习提供了一定的要求，让学生可以跟随普通孩子的进程，一同参与学科课程，最大限度地进行课堂融合。

另外，辅助课程中也借鉴了培智学校康复训练及劳动技能课程和义务教育的美术、音乐及体育课程内容。前者重视满足学生的康复需求，让学生得到适切的额外支持。还包含劳动课程的内容，让学生可以在学校中尽最大的能力参与校园生活以及表现良好的生活自理能力。音乐、美术及体育的部分课程内容能为学生发展潜能、建立优势提供支持，让学生可以更多元地表现自己，提升自尊及自信。其他的课程内容参考了多个评估工具。以上的评估标准，包含国际认可的评估工具以及目前被广泛应用于特殊学生教学的评估工具，具有一定的有效性及实践性。

除此之外，本课程内容基于让学生独立的设计理念，增加了"辅助技术的应用"的课程内容；基于生态评估的理念提出了相应的辅具应用教学的目标，可以让教学者知晓辅具应用的科学性及有效性，同时提供了辅具在随班就读环境中应用的可能性。

三、讨论

1. 融合教育课程的有效建设

（1）立足于国家课程

国家课程是基于学生发展需要的，能有效提升学生知识与技能，经过大量的实验验证及专家讨论的课程。国家课程有科学性、实践性及发展性，符合儿童的学习和发展需要，是所有学生进行学习的课程内容，具备一定的权威性。国家课程能为融合教育课程的建设提供指引，协助建设者充分考虑课程的完整性及有效性。

（2）充分考虑多元支持

学生有各种各样的学习需要，同时也存在着各种各样的特点。充分挖掘学生的优点，评估学生在环境中的弱势，努力完善课程内容，能协助融合教育课程建设的完整性。融合教育课程的建设要满足学生的特殊需要，用发展的眼光看待孩子，协助建设者立足于学生的现状，满足学生多元的发展需求。

（3）发掘区域特色

本研究提出的融合教育课程是基于现今融合教育工作的进展而成的。越秀区随班就读工作开展较早，在调整课程内容、提供智力检测、积极行为支持及最少限制环境上有了一定的经验积累，可以协助课程的建设及完善。越秀区融合教育课程建设，充分考虑了现今区域融合教育的发展方向，融合了区域融合教育工作职能及特色。

2. 融合教育课程建设的建议

（1）基于现有课程框架

本研究的课程框架参考了多个课程标准，例如义务教育课程标准等。在进行融合教育课程建设的过程中，需要立足于学生的学习需要，从国家课程中汲取养分，再结合期望学生发展或者学生需要建设的能力上再去做进一步完善。赵勇帅和邓猛（2015）提出，学业课程、社会发展课程与补充课程是融合教育课程的基本内容。学科课程、社会交往课程是我们建设融合教育课程可以充分参考的内容。借助现有的课程框架，可以较好地协助我们分析融合教育需求完善课程框架。

（2）评估普通校园的生活需要

融合教育发生于普通校园。在普通学校，学生会面临什么问题，接受什么挑战是建设融合教育课程需要考虑的问题。基于校园生活的需要，考量处在环境中的人的需求，协助其更好地解决问题以及迎接挑战，是融合教育课程需要具有的特质。评估是了解需求的重要步骤。在融合教育环境中，针对性的评估能够协助教师了解学生的学习需要及行为表现。在融合教育环境中，应用有效的观察及评估功能，能针对性地处理学生的问题。因此在建设课程过程中，评估各种类型的学生在融合教育环境中的困难是必需的。通过系统观察法或生态分析法，能够协助教师了解学生的需要，进一步完善融合教育课程的完整性。

（3）结合区域融合教育工作的进展

融合教育课程的建设需要根据当前随班就读工作的进展进行逐步的完善及推进。建设融合教育课程，需要立足于本区域先提供的随班就读服务以及专业人员。缺乏有效的随班就读支持服务，就不能有效地对课程内容进行落实。专业人员的不足，可能会导致课程实施模式化，教师难以根据学生的需求进行弹性调整。在缺乏有效的支持的情况下，若课程中涵盖过多的内容也不利于融合教育质量的有效提升。在建设融合教育课程的过程中，先理清本区域的随班就读工作进展以及未来的发展目标，然后对课程理念及目标进行确立，对课程内容进行进一步优化，才能更为有效地提升融合教育课程的建设。

以"独立"为核心的融合教育课程架构

开发DOT区域融合教育模式下的多元化、个性化课程：阳光少儿课程，包括普通教育调整课程；学习能力辅助课程；生活能力辅助课程。

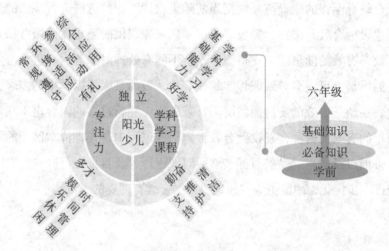

图1　融合教育课程架构

一、课程背景

（一）独立品质的重要性

Hume和Odom（2007）认为独立是从事教师认定的学习行为，同时不需要教师提示。大部分的学生可以通过理解环境信息知道要什么以及什么样的行为符合成人的期望。在课堂上认真听讲、作答，遵守班级规则等行为是符合教师期望且与课程相关的行为。有问题时，一般学生会主动沟通，寻求协助，以完成工作，并且常能独立完成学习活动的相关工作。独立在改善学生学习表现以及课堂行为上有重要的影响。

独立学习，是保证学生在课堂学习中主体地位的最重要的基础和最基本的学习形式。当前阶段，改变传统上教师主导、学生被动的教学模式，着重强化学生中心地位，突出学生主体作用是新课程改革其中一项重要内容。因此在学科教学中，独立学习能力的培养尤其重要。另外，独立的教室行为（independent classroom behavior）是特殊学生重要的课室以及教学范畴。独立行为包括以自己的能力做事、有自信心和有自立的能力，这些特质与学校或学业表现相关内容，是大多数小学老师所重视的。在学前阶段开展独立行为的训练，能促进融合教育环境中特殊孩子参与课堂的有效性。

独立能力培养对提升自闭症融合教育成效有重要影响。自闭症儿童是融合教育的主要参与者。Hume等人（2012）认为当前限制自闭症儿童参与融合教育的主要原因包含技能达成率低、辅助依赖和泛化困难，提升学生的技能习得情况、独立性及泛化成效有利于让他们更好地参与融合教育课堂。独立能力的培养，有利于提升学科学习成效及自主性，协助学生对课堂行为进行管理，便于教师进行班级管理及学习速度管控，在提升融合教育质量上有促进作用。在融合教育课程探索中，建设以培养独立能力为基础的课程内容，将有利于教师开展系统的独立能力教学，让学生掌握学科学习和参与课堂活动的独立技能，更好地进入普通课堂。

（二）学科教学支持过度及辅助依赖

越秀区随班就读指导中心已开展了相关普通学科课程调整工作，积累了大量的课程调整经验以及大量的课程调整资源。当前区域内已有相关的课程教学资源，普通教育教师已具备一定的课程调整能力，部分孩子以在课程调整中获益。在普通学校，学科教学常占据最多的教学时间。另外，学习辅助的给予较多或者难以撤除，以影响了学习的进一步发展。

二、课程目标

基于独立能力的培养的需要，现提出以社会适应及社交互动为核心的融合教育课程架构，围绕"独立"开展独立技能教学、专注力提升课程，满足学生参与学校生活的需要，改善学生校园生活品质。辅以学习能力提升，基础知识补救，多项才能拓展及勤劳品质培养作为孩子独立发展的支持。

三、课程内容

（一）以"独立"为核心，发展专注力，减缓教学辅助

1. 专注学习

专注力领域的课程参考陈蔓莉（2015）及秦可斌（2020）的注意力训练课程，以注意力的品质为基础，分为注意稳定、注意广度、注意转移、注意分配及综合应用。训练方法基于行为原理，借助强化与惩罚的行为原则，逐步提升学生的注意品质，发展专注行为。注意稳定领域通过凝视训练、报数、连续计算等方式开展；注意广度借助划消训练、词汇记忆等方法训练；注意转移可通过变换加法或大脑抽屉法开展；注意分配可利用听动协调训练。

2. 脱离辅助

（1）利用有效的策略进行自主学习

基于学生参与学科学习的种类，并参考现有的融合教育课程中"学习策略"领域的内容，将课堂、语文、数学及组织策略作为培养学生独立能力的课程内容。

①课堂

在班级学习过程中，学习需要理解教师的口语信息。特殊孩子在理解口语指令方面可能存在障碍，因而协助学生建立有效的聆听、做笔记等策略，可以提升学生参与集体课程学习的学习效率。

②语文

在语文学习过程中，识别字词、书写、阅读及写作是学生需要进行处理的问题。让学生掌握辨识及学习字词的技巧，缓解书写困难，提升阅读流畅性，教导有效的写作技能，能减缓特殊学生参与语文学习的限制，提升语言学习成效。

③数学

数学的学科内容，一般包含数和代数、空间及图形、统计与概率以及综合应用等多个方面。让学生习得一定的计算策略、应用题解题策略，将有效地让学生更好地参与数学学习活动中，掌握功能性、生活化的基础数理知识。

④组织

缺乏组织是特殊学生的共同特质。组织学习材料、安排课程时间，是学生参与学习的重要能力。因此，帮助学生建立有效的组织策略，教导学生时间管理以及资源管理策略，可以让学生更好地对自己的学习生活进行安排，提升学生参与学习活动的自主性以及独立性。

（2）学习中的自我管理与约束

基于应用学习策略、维持学习策略成效的考量，把"自我管理"作为独立能力培养的重要环节。在教学上，Lee（2008）指出"自我管理"策略的教学方法应包含目标的设定、自我监控、自我评价和自我增强四阶段。另外，将自我教导、自我提问等策略当作促进自我管理应用的内容作为补充，以提升学生的自我管理能力。为提升学生学习的独立性，教导目标设定、自我监控、自我评价、自我强化、自我教导、自我提问等相关策略是必须的。

（3）参与活动的辅助支持

辅助器具是特殊学生重新获得独立生活、学习、回归主流的重要工具之一。当前，国内融合教育环境背景下少有研究辅助器具。辅具可以应用于融合班级的各个方面，对于改善特殊学生参与学校活动有重大的影响。另外，刘志丽和许家成（2007）在讨论辅助技术的应用时，提出辅助技术应当成为个别化教育计划中的一部分，教师要为学生提供必要的辅助技术。为了综合提升特殊学生的独立能力，应当把辅助技术的应用作为融合教育课程的内容。辅助的应用一定程度上减少了来自成人的辅助，在提升学生学习独立性以及自信心上有促进作用。辅具应用的课程内容则参考表1的辅具种类作为领域内的内容划分，分为电脑、写作、扩大性沟通系统、阅读、学习、数学、视力及听力等8个环节。

（4）生活中的自我决策

自我决定是在了解自我的基础上，最大可能地选择和制定目标来驾驭自己的生活。自我决定，能够提高特殊学生在校的学业技能，减少问题行为，促进其更好地参与普通教育课程。开展自我决定教学，有利于学生休闲技能的完善发展，提升学生的自主性，使其更自信地在融合环境中学习及成长。Wehmeyer等人提出的设定目标、采取行动、调整目标或计划三阶段是自我决定教学的主要模型。基于兴趣爱好，选择合适的活动及目标，借助有效的活动实施，进行进一步的目标调整或活动转化，能有效地提升学生在休闲与娱乐活动中的自主性。

（二）爱好学习，增进学科学习技能

1. 全面改善认知学习基础能力

韦克斯勒儿童智力量表（第四版）中文版在随班就读学生的学习指导中，能有效地了解儿童认知发展水平、学习形态、学习风格及可发展趋向，在随班就读学生认知学习或学科学习能发挥有效的指引作用，为指定IEP提供有效的证据。另外，越秀区智力检测中心在开展智力检测过程中，借用的工具为韦克斯勒儿童智力量表（第四版）中文版，区内随班就读或学生困难学生大多有智力检测报告，可以为教学能提供便利及协助。

参考韦克斯勒儿童智力量表（第四版）中文版内的量表内容对辅助课程的内容进行分解。

（1）言语理解：处理语言信息、以文字符号自考以及运用语文知识和技巧解决新问题的能力。

（2）知觉推理：视觉形象思考能力、处理视觉信息、根据视觉信息思考及快速解释视觉信息等能力。

（3）工作记忆：注意力、序列性、认知灵活性以及心智警觉。

（4）加工速度：操作视觉信息、扫描并分辨视觉信息、认知灵活性、视觉记忆/视知觉选择性；视—动协调；警觉性。

2. 系统补足学科学习基础

普通教育调整课程是通过系统的评估，了解学生现有的学科学习基础，为学生提供适合的学科学习资源，满足学生的学习需要，让学生掌握必备的学科知识。

基于义务教育语文等学科课程标准（2011年版），依照国家课程标准进行课表调整后列出学科知识，其中包含基础知识及必备知识。基础知识包含小学1—6年级课程标准要求的所有内容；必备知识为根据随班就读学生或学习困难学生的身心特点，将课程内容进行细化、分解，删除过高要求的内容，增添适应性、功能性以及生活化的必备内容。除了义务教育的课程内容外，课程内还

将增加学前的学习基础知识。该内容的增加，能为有显著学习障碍的学生提供进一步的支持，能为其追溯到来了解他学前的一些基本概念或指示掌握情况，便于教师准确地找到教学起点（图1）。

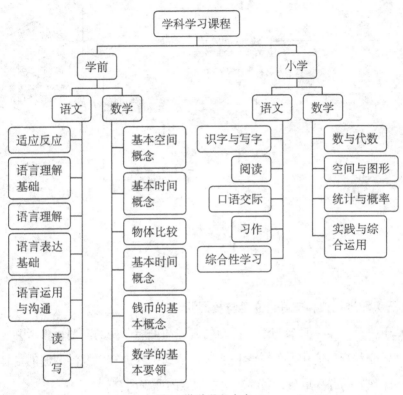

图2 学科课程内容

普通教育调整课程实施流程包括课前评估与学习支持如下（图3）。

（1）课前评估。教师根据当前学生当前的年级，为学生提供基础学科知识测试。若学生无法掌握超过60%的学科基础知识，则为学生提供该单元的必备知识测试；若学生无法掌握超过60%的学科必备知识，则为学生提供当前年级减1的基础学科知识测试，直到学生能在知识测试中获得超过60%的分数，该年级知识成为学生学科学习的起点。

（2）学科学习支持：基于学生现有的学科知识基础，教师针对学生在测试中未通过的知识进行针对性的辅导，或者提供专门化的基础知识作业单，补足学生的学科学习需要。

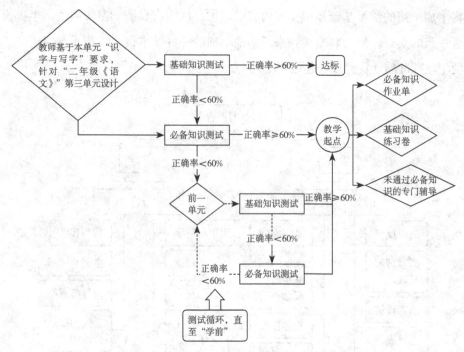

图3 学科课程实施（以二年级"识字与写字"为例）

（三）增进礼仪，友好自立参与校园互动

基于普通学生一日参与学校活动的流程和可能遇到的问题，参考并重庆师范大学融合教育研究中心的《学校适应》辅助课程内容以及洪俪瑜的《社会技巧训练课程》的课程项目，最终制定本领域的课程内容。

（1）环境适应：功能场室的认识

（2）常规遵守：时间常规、场室常规、行为规范

（3）活动参与

①班级活动：上课、娱乐活动、课间活动、劳动等

②学校活动：大课间、集会、外出参观等

（4）综合应用

①情绪处理：好感、愤怒、焦虑、奖励自己等

②冲突处理：抱怨、嘲笑、避免麻烦、被打小报告、团体压力等

（四）增进才能，成就"多才"的自我

体育的发展目标旨在提升学生参与体育锻炼的机会，增强体质；美育则强

调审美等能力的发展。娱乐休闲活动能为特殊学生提供一个丰富的情境，给学生享受学科学习意外的机会，提升生活品质。常见的娱乐及休闲活动包括比赛与游戏、球类与体能活动、户外活动、自然研究、爱好活动、手工艺活动、艺术活动等多种形式。娱乐休闲活动能为学生提供大量的动手机会、审美以及创作机会，能满足学生体育以及美育的发展需要。为更好地提升学生参与娱乐休闲活动技能的有效性，除了对学生进行娱乐与休闲技能教学外，还需要提升学生自主及合理参与的能力。本领域可能应该包含以下的内容。

（1）娱乐与休闲技能：学校的休闲活动包括参与垒球游戏、玩乐器、参与手工艺以及艺术活动、玩图版与纸牌游戏、读书与杂志、玩电脑游戏、参与特别的社团或者与朋友散步等。

（2）时间管理：时间管理的教学旨在提升学生合理安排娱乐休闲时间以及频率，做到劳逸结合更好地参与校园活动中去。时间管理可利用视觉支持的方式，协助学生了解今日学业、休闲、运动或娱乐活动的具体时间、活动时长以及频率等。

（五）改善劳动技巧，养成"勤奋"的品质

劳动是学校的一门重要课程。在劳动中，学生可以习得基本的劳动技能，养成劳动习惯，从而提升学生的生活质量。劳动教育是义务教育的重要组成部分，《培智学校义务教育劳动技能课程标准（2016版）》明确提出了特殊学生参与简单劳动技能的要求。现参考《培智学校义务教育劳动技能课程标准（2016版）》的内容，基于普通学生参与学校生活的一日流程，分析在普通教育环境中特殊学生必备的劳动技能，得出校内劳动技能一般包含打扫、清洁、开关门窗、浇花、修补图书、维持桌椅、布置环境等。在建设劳动技能相关资源包或课程活动方案时，考量劳动技能的多步骤的特点，教学应多以行为连锁的方式开展。行为链是指按照顺序发生的，有很多部分组成的一组行为。连锁是用来教会学习者完成行为链的方式。通过顺向、逆向或全工作的连锁的方式，可以促进学生对劳动步骤的了解，按照技能的步骤开展劳动，提升劳动质量。

"阳光少儿"区域性融合教育课程

一、课程理念

1. 阳光教育，向阳而育

"阳光教育"是热情温暖、健康活泼、积极向上的教育。对于教育者和受教育者来说，既要做到自己"阳光"，还要用"阳光"照亮他人。阳光普照，教育惠及所有参与者，让所有学习者都朝着活泼、温暖及热情的方向发展。课程建构参考阳光教育理念，以期协助所有特需学生，惠及所有融合教育参与者，让他们在学习过程中感受温暖，积极向上。

2. 五育并举，综合发展

五育并举，德智体美劳全面发展。融合教育课程建构考量全面发展要素，从德智体美劳等五方面进行课程构想，将五育培育思想贯穿课程，让所有参与者能补足能力，综合发展。

二、课程适用对象

（1）6—12岁的所有学生。

（2）该课程可为随班就读指导老师、普通学科教师和家长选用。

三、课程目标

阳光少儿课程旨在通过面向全体特需学生、面向学生发展各个方面、面向学生发展的整个过程的教育，培养好学、独立、有才、勤奋、有礼的好少儿。阳光少儿课程包括学科学习课程和辅助训练课程（图1）。

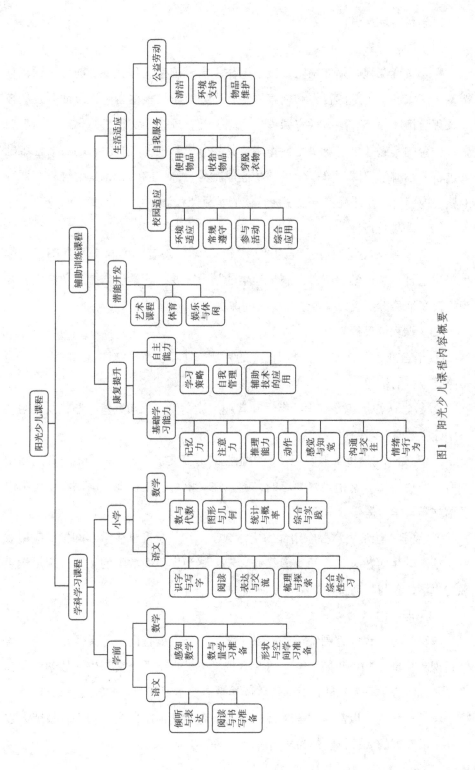

图1　阳光少儿课程内容概要

1. 学科学习课程

（1）课程背景

融合教育课程必须在国家政策下运作，需要国家课程为基础前提。课程框架基于国家课程规定的目标和内容构建，也要有学校根据自身情况而开发的校本课程目标和内容。融合教育课程作为融合教育理念的实行措施，课程内容对融合教育的实施效果有着决定性作用，其划分应当根据融合教育的有效性维度来进行。学科学习课程是以学生的学业成就为目标导向的，也是融合教育课程的核心内容。学业课程主要表现为具体的学科课程。

（2）课程总目标

学科学习课程是通过系统的评估，了解学生现有的学科学习基础，为学生提供适合的学科学习资源，满足学生的学习需要，让学生掌握必备的学科知识，旨在培养学生成为"好学"少儿的课程。

（3）课程分目标

① 语言准备：培养学生学习语文的兴趣，让学生在日常沟通、阅读与书写中感受语言的乐趣。

② 数学认知：建立数学的有用和有趣，让学生在感知数量、形状及空间关系中建立数学学习的兴趣。

③ 语文：让学生掌握实用性、功能性的语言文字知识，提升语言在生活中的有效应用，培养学生语言学习的兴趣，建立语言应用技能，满足学生生活以及语文学科学习需要。

④ 数学：让学生掌握应用性的生活数学知识，提升学生数学的生活应用效益。培养学生对数量、空间及形状的兴趣，感受生活中数学的美好，满足学生独立生活、参与活动及数学学科学习需要。

（4）课程内容

学科学习课程内容围绕《3—6岁儿童学习与发展指南》《义务教育语文等学科课程标准（2011年版）》《培智学校义务教育生活语文与生活数学课程标准（2016年版）》为基础，对随班就读学生需要学习的课程内容进行划分。

学前学科内容以3—4岁需掌握的学习内容为学前阶段学习的必备技能，以4—6岁需掌握的成长技能作为学前阶段的基础技能（如表1）。

表1　学前学科学习课程内容

领域	分领域	学习目标	必备技能	基础技能
语言准备	倾听与表达	认真听并能听懂常用语言	1.别人对自己说话时能注意听并做出回应 2.能听懂日常会话	1.在群体中能有意识地听与自己有关的信息 2.能结合情境感受到不同语气、语调所表达的不同意思 3.方言地区和少数民族幼儿能基本听懂普通话 4.在集体中能注意听老师或其他人讲话 5.听不懂或有疑问时能主动提问 6.能结合情境理解一些表示因果、假设等相对复杂的句子
		愿意讲话并能清楚地表达	1.愿意在熟悉的人面前说话，能大方地与人打招呼 2.基本会说本民族或本地区的语言 3.愿意表达自己的需要和想法，必要时能配以手势动作 4.能口齿清楚地说儿歌、童谣或复述简短的故事	1.愿意与他人交谈，喜欢谈论自己感兴趣的话题 2.会说本民族或本地区的语言，基本会说普通话，少数民族聚居地区幼儿会用普通话进行日常会话 3.能基本完整地讲述自己的所见所闻和经历的事情 4.愿意与他人讨论问题，敢在众人面前说话 5.会说本民族或本地区的语言和普通话，发音正确清晰、少数民族聚居地区幼儿基本会说普通话 6.能有序、连贯、清楚地讲述一件事情。 7.讲述时能使用常见的形容词、同义词等，语言比较生动
		具有文明的语言习惯	1.与别人讲话时知道眼睛要看着对方 2.说话自然，声音大小适中 3.能在成人的提醒下使用恰当的礼貌用语	1.别人对自己讲话时能回应 2.能根据场合调节自己说话声音的大小 3.能主动使用礼貌用语，不说脏话、粗话 4.别人讲话时能积极主动地回应 5.能根据谈话对象和需要，调整说话的语气

领域	分领域	学习目标	必备技能	基础技能
语言准备	倾听与表达	具有文明的语言习惯		6.懂得按次序轮流讲话，不随意打断别人 7.能依据所处情境使用恰当的语言
	阅读与书写准备	喜欢听故事，看图书	1.主动要求成人讲故事、读图书 2.喜欢跟读韵律感强的儿歌、童谣 3.爱护图书，不乱撕、乱扔	1.反复看自己喜欢的图书 2.喜欢把听过的故事或看过的图书讲给别人听 3.对生活中常见的标识、符号感兴趣，知道它们表示一定的意义 4.专注地阅读图书 5.喜欢与他人一起谈论图书和故事的有关内容 6.对图书和生活情境中的文字符号感兴趣，知道文字表示一定的意义
		具有初步的阅读理解能力	1.能听懂短小的儿歌或故事 2.会看画面，能根据画面说出图中有什么，发生了什么事等 3.能理解图书上的文字是和画面对应的，是用来表达画面意义的	1.能大体讲出所听故事的主要内容 2.能根据连续画面提供的信息，大致说出故事的情节 3.能随着作品的展开产生喜悦、担忧等相应的情绪反应，体会作品所表达的情绪情感 4.能说出所阅读的幼儿文学作品的主要内容 5.能根据故事的部分情节或图书画面的线索猜想故事情节的发展，或续编、创编故事 6.对看过的图书、听过的故事能说出自己的看法 7.能初步感受文学语言的美
		具有书面表达的愿望和初步技能	喜欢用涂涂画画表达一定的意思	1.愿意用图画和符号表达自己的愿望和想法 2.在成人提醒下，写写画画时姿势正确 3.愿意用图画和符号表现事物或故事 4.会正确书写自己的名字 5.写写画画时姿势正确

领域	分领域	学习目标	必备技能	基础技能
数学认知	感知数学	初步感知生活中数学的有用和有趣	1.感知和发现周围物体的形状是多种多样的，对不同的形状感兴趣 2.体验和发现生活中很多地方都用到数学	1.在指导下，感知和体会有些事物可以用形状来描述 2.在指导下，感知和体会有些事物可以用数来描述，对环境中各种数字的含义有进一步探究的兴趣 3.能发现事物简单的排列规律，并尝试创造新的排列规律 4.能发现生活中许多问题都可以用数学的方法来解决，体验解决问题的乐趣
	数与量学习准备	感知和理解数、量及数量关系	1.能感知和区分物体的大小、多少、高矮长短等量方面的特点，并能用相应的词表示 2.能通过一一对应的方法比较两组物体的多少 3.能手口一致地点数5个以内的物体，并能说出总数 4.能按数取物 5.能用数词描述事物或动作	1.能感知和区分物体的粗细、厚薄、轻重等量方面的特点，并能用相应的词语描述 2.能通过数数比较两组物体的多少 3.能通过实际操作理解数与数之间的关系，如5比4多1；2和3合在一起是5 4.会用数词描述事物的排列顺序和位置 5.初步理解量的相对性 6.借助实际情境和操作（如合并或拿取）理解"加"和"减"的实际意义 7.能通过实物操作或其他方法进行10以内的加减运算 8.能用简单的记录表、统计图等表示简单的数量关系
	形状与空间组学习准备	感知形状与空间关系	1.能注意物体较明显的形状特征，并能用自己的语言描述 2.能感知物体基本的空间位置与方位，理解上下、前后、里外等方位词	1.能感知物体的形体结构特征，画出或拼搭出该物体的外形 2.能感知和发现常见几何图形的基本特征，并能进行分类 3.能使用上下、前后、里外、中间、旁边等方位词描述物体的位置和运动方向 4.能用常见的几何形体有创意地拼搭和画出物体的造型

领域	分领域	学习目标	必备技能	基础技能
数学认知	形状与空间组学习准备	感知形状与空间关系		4.能按语言指示或根据简单示意图正确取放物品 5.能辨别自己的左右

　　义务教育阶段的课程内容以启智学校课程标准作为义务教育阶段随班就读学生需达成的必备技能,必备技能分级为"了解/理解、掌握、应用"三个层次,以义务教育课程内容作为基础技能(如表2)。

表2　义务教育学科学习课程内容

学科	技能	阶段	必备技能(培智学校)			基础技能(义务教育)
			了解/理解	掌握	应用	
语文	识字与写字	1—2年级	1.能关注汉字,萌发识字的兴趣 2.能区别一般图形与汉字	1.学习汉语拼音的单韵母。 2.认读生活中常用汉字10—50个(例如:姓名、校名等) 3.掌握正确的握笔姿势 4.认识汉字的笔画	1.能按从左到右的格式书写 2.能用铅笔描写或抄写生活中常用汉字 3.认读生活中常用汉字50—100个 4.会写生活中常用汉字50个以上	1.喜欢学习汉字,有主动识字、写字的愿望。认识常用汉字1600个左右,其中800个左右会写。 2.学会汉语拼音。能读准声母、韵母、声调和整体认读音节;能准确地拼读音节,正确书写声母、韵母和音节;认识大写字母,熟记《汉语拼音字母表》 3.掌握汉字的基本笔画和常用的偏旁部首,能按基本的笔顺规则用硬笔写字,注意间架结构,初步感受汉字的形体美;努力养成良好的写字习惯,写字姿势正确,书写规范、端正、整洁 4.能学习独立识字;能借助汉语拼音认读汉字,学会用音序检字法和部首检字法查字典

续　表

学科	技能	阶段	必备技能（培智学校）			基础技能（义务教育）
			了解/理解	掌握	应用	
语文	识字与写字	3—4年级	喜欢学习汉字，有主动识字的愿望。	1.初步认识常用的偏旁部首 2.累计认读常用汉字50—300个（例如：小区名、街道名、车站站牌等） 3.累计认读常用汉字300—500个	1.能在日常生活中尝试自主识字 2.能用硬笔按笔顺规则书写汉字 3.能书写（描写或抄写）生活中常用词语（例如：姓名、校名、家庭住址、小区名、街道名、所居住的城市名等）	1.对学习汉字有浓厚的兴趣，养成主动识字的习惯；累计认识常用汉字2500个左右，其中1600个左右会写；有初步的独立识字能力；能用音序检字法和部首检字法查字典、词典 2.写字姿势正确，养成良好的书写习惯；能用硬笔熟练地书写正楷字，做到规范、端正、整洁；能用毛笔临摹正楷字帖；能感受汉字的书写特点和形体美 3.能感知常用汉字形、音、义之间的联系，初步建立汉字与生活中事物、行为的联系，初步感受汉字的文化内涵
		5—6年级	知道有不同的书写工具，愿意尝试使用不同的笔写写画画	1.累计会写生活中常用汉字50—100个 2.累计会写常用汉字100—300个 3.学习汉语拼音，能认读声母、韵母、声调和音节	1.能修改自己所写的错字 2.养成良好的书写习惯和正确的写字姿势	1.有较强的独立识字能力，累计认识常用汉字3000个左右，其中2500个左右会写，感受汉字的构字组词特点，体会汉字蕴含的智慧 2.写字姿势正确，有良好的书写习惯；硬笔书写楷书，行款整齐，力求美观，有一定的速度；能用毛笔书写槽书，在书写中体会汉字的优美

学科	技能	阶段	必备技能（培智学校）			基础技能（义务教育）
			了解/理解	掌握	应用	
语文	阅读	1—2年级	1.能阅读情节简单的图画故事书，了解大意 2.能结合图片的内容，理解词、句的意思	1.对书感兴趣，能模仿成人的样子看书 2.能以基本正确的阅读姿势阅读 3.能从图片中找出熟悉的人、物和生活情景 4.知道图片上的文字和画面是对应的，文字是用来表示画面意义的 5.能阅读背景简单的图画，了解大意 6.能认识句号、逗号、问号、感叹号等标点符号	1.能用普通话朗读简单句。 2.会诵读诗歌（例如：儿歌、古诗）5—10首。	1.喜欢阅读，感受阅读的乐趣；学习用普通话正确、流利、有感情地朗读课文；学习默读 2.结合上下文和生活实际了解课文中词句的意思；在阅读中积累词语；认识课文中出现的常用标点符号，在阅读中体会句号、问号、感叹号所表达的不同语气；借助读物中的图画阅读 3.阅读浅近的童话、寓言、故事，向往美好的情境，关心自然和生命，对感兴趣的人物和事件有自己的感受和想法，并乐于与他人交流；诵读儿歌、儿童诗和古诗，展开想象，获得初步的情感体验，感受语言的优美 4.尝试阅读整本书，用自己喜欢的方式向他人介绍读过的书；养成爱护图书的习惯 5.积累自己喜欢的成语和格言警句；背诵优秀诗文50篇（段） 6.课外阅读总量不少于5万字
		3—4年级	1.能阅读图文结合的短文，了解大意	1.阅读时能注意把握事件发生、发展的顺序 2.能知道一	1.能阅读环境中的常用符号信息（例如：交通标志、广	1.用普通话正确、流利、有感情地朗读课文；初步学会默读，做到不出声，不指读；学习略读，粗知文章大意。

续　表

学科	技能	阶段	必备技能（培智学校）			基础技能（义务教育）
			了解/理解	掌握	应用	
语文	阅读	3—4年级	2.能阅读一段话（例如：手机短信等），获取相关信	本书的组成部分 3.能初步阅读叙事性短文，了解时间、地点、人物、事件	告牌、指示牌、警示语等） 2.能阅读图画为主、文字为辅的图书，了解大意 3.能阅读图文并茂、内容贴近生活的图画书，理解意思	2.能联系上下文，理解词句的意思；体会课文中关键词句表达情意的作用；能借助字典、词典和生活积累理解生词的意义；在理解语句的过程中，体会句号与逗号的不同用祛，了解冒号、引号的一般用法 3.能初步把握文章的主要内容，体会文章表达的思想感情；学习圈点、批注等阅读方法；能对课文中不理解的地方提出疑问，乐于与他人讨论交流 4.能复述叙事性作品的大意，初步感受作品中生动的形象和优美的语言，关心作品中人物的命运和喜怒哀乐，与他人交流自己的阅读感受；诵读优秀诗文，注意在诵读过程中体验情感，展开想象，领悟诗文大意 5.阅读整本书，初步理解主要内容，主动和同学分享自己的阅读感受 6.积累课文中的优美词语，精彩句段，及在课外阅读和生活中获得的语言材料；背诵优秀诗文50篇（段）；养成读书看报的习惯，收藏图书资料，乐于与同学交流，课外阅读总量不少于40万字

学科	技能	阶段	必备技能（培智学校）			基础技能（义务教育）
			了解/理解	掌握	应用	
语文	阅读	5—6年级	1.能在阅读中体会句号、问号、感叹号所表达的不同语气 2.能阅读浅近的童话、寓言、故事，初步获得情感体验，感受语言的优美	1.能认识冒号、引号、省略号 2.累计背诵诗文（例如：儿歌、古诗、儿童诗等）10—20篇（段） 3.能轻声朗读 4.初步养成每天阅读的习惯	能用普通话正确、连贯地朗读一段话	1.熟练地用普通话正确、流利、有感情地朗读课文；默读有一定的速度，默读一般读物每分钟不少于300字；学习浏览，扩大知识面，根据需要搜集信息 2.能联系上下文和自己的积累，推想课文中有关词句的意思，辨别词语的感情色彩，体会其表达效果；在理解课文的过程中体会顿号与逗号，分号与句号的不同用法。 3.在阅读中了解文章的表达顺序，体会作者的思想感情，初步领悟文章的基本表达方法；在交流和讨论中，敢于提出看法，做出自己的判断 4.阅读叙事性作品，了解事件梗概，能简单描述印象最深的场景、人物、细节，说出自己的喜爱、憎恶、崇敬、向往、同情等感受；阅读诗歌，大体把握诗意，想象诗歌描述的情境，体会作品的情感；受到优秀作品的感染和激励，向往和追求美好的理想 5.阅读说明性文章，能抓住要点，了解文章的基本说明方法；阅读简单的非连续性文本，能从图文等

续 表

学科	技能	阶段	必备技能（培智学校）			基础技能（义务教育）
			了解/理解	掌握	应用	
语文	阅读	5—6年级				组合材料中找出有价值的信息；尝试使用多种媒介阅读 6.阅读整本书，把握文本的主要内容，积极向同学推荐并说明理由 7.背诵优秀诗文60篇（段），注意通过语调、韵律，节奏等体味作品的内容和情感；扩展阅读面，课外阅读总量不少于100万字
	表达与交流	1—2年级		1.能听懂生活中的常用语言 2.能在别人对自己讲话时注意倾听 3.能做简单的自我介绍（例如：姓名、班级、主要家庭成员等） 4.能尝试按从左到右的顺序写句子 5.能用图文卡或词语组成一句话	1.能听懂常用的词语，并做出适当回应 2.能听懂简单的句子，并做出适当回应 3.能听懂生活中常用的普通话 4.能用简短的语言表达个人基本需求 5.能模仿运用生活中的常用语言 6.学说普通话 7.能使用人称代词（例如：你或你	1.学说普通话，逐步养成说普通话的习惯，有表达交流的自信心 2.能认真听他人讲话，努力了解讲话的主要内容；听故事、看影视作品，能复述大意和自己感兴趣的情节；能较完整地讲述小故事，能简要讲述自己感兴趣的见闻；与他人交谈，态度自然大方，有礼貌；积极参加讨论，敢于发表自己的意见 3.对写话有兴趣，留心周围事物，写自己想说的话，写想象中的事物，在写话中乐于运用阅读和生活中学到的词语。 4.根据表达的需要，学习使用逗号、句号、问号、感叹号

学科	技能	阶段	必备技能（培智学校）			基础技能（义务教育）
			了解/理解	掌握	应用	
语文	表达与交流	1—2年级			们、我或我们、他或他们） 8.能在生活情境中进行简单对话 9.能使用句号 10.能仿写一句话	
		3—4年级	能从语气、语调中理解交际对象的情绪变化	1.能认真倾听他人讲话，不随意插话 2.能听懂简单的故事 3.对写话有兴趣，愿意写话。	1.能听懂他人的问询，并做出适当回应 2.能使用礼貌用语，文明地与人交流 3.能用一句话或几句话表达自己的基本需求 4.能做自我介绍（例如：家庭住址、电话号码、兴趣爱好、亲戚朋友等） 5.能使用逗号、问号、感叹号 6.能用词语造句	1.乐于用口头、书面的方式与人交流沟通，愿意与他人分享，增强表达的自信心 2.能用普通话交谈；学会认真倾听，听人说话时能把握主要内容，并能简要转述；能就不理解的地方向人请教，就不同的意见与人商讨 3.能清楚明白地讲述见闻，说出自己的感受和想法；讲述故事力求具体生动；能主动参与日常生活中的文化活动，根据不同的场合，尝试运用合适的音量和语气与他人交流，有礼貌地请教、回应 4.观察周围世界，能不拘形式地写下自己的见闻、感受和想象，注意把自己觉得新奇有越或印象最深、最受感动的内容写清楚；能用便条、简短的书

续 表

学科	技能	阶段	必备技能（培智学校）			基础技能（义务教育）
			了解/理解	掌握	应用	
语文	表达与交流	3—4年级				信等进行交流；尝试在习作中运用自己平时积累的语言材料，特别是有新鲜感的词句 5.学习修改习作中有明显错误的词句；根据表达的需要，正确使用冒号、引号等标点符号；课内习作每学年16次左右
		5—6年级	1.能参与讨论自己感兴趣的话题 2.能根据不同的场合，用适当的语气、语调说话	能根据以生活为主题的图画说一二句话	1.能用普通话与他人交谈 2.能简单讲述生活中发生的事情 3.能进行简单的提问 4.能简单转述一二句话	1.听人说话认真、耐心，能抓住要点，并能简要转述；乐于表达，与人交流能尊重和理解对方；注意语言美，抵制不文明的语言 2.表达有条理，语气、语调适当；参与讨论时，敢于发表自己的意见，说清自己的观点；能根据对象和场合，稍做准备，做简单的发言 3.懂得写作是为了自我表达和与人交流；养成留心观察周围事物的习惯，有意识地丰富自己的见闻；珍视个人的独特感受，积累习作素材 4.能写简单的纪实作文和想象作文，内容具体，感情真实；能根据内容表达的需要，分段表述，学写读书笔记，学写常见应用文 5.修改自己的习作，并主

续 表

学科	技能	阶段	必备技能（培智学校）			基础技能（义务教育）
			了解/理解	掌握	应用	
语文	表达与交流	5—6年级				动与他人交换修改，做到语句通顺，行款正确，书写规范、整洁；根据表达需要，正确使用常用的标点符号；习作要有一定速度，课内习作每学年16次左右
	梳理与探究	1—2年级	观察校园环境，能用自己的方式说出观察所得	能参加班级、学校活动（例如：听故事、看动画片等），在活动中初步养成良好的语言行为习惯（例如：不大声喧哗、听从指令、有礼貌等）	熟悉班级环境，能与同伴一起交谈，获取有关信息（例如：同学姓名、任课教师、课程表、场馆名称等），从中体验语言交流的乐趣，具有初步的文明交往意识	1.观察字形，体会汉字部件之间的关系；梳理学过的字，感知汉字与生活的联系 2.观察大自然，热心参加校园、社区活动，积累活动体验；结合语文学习，用口头或图文等方式整理、表达自己在活动中的见闻和想法 3.对周围事物有好奇心，能就感兴趣的内容提出问题，结合其他学科的学习和生活经验交流讨论，尝试提出自己的看法
		3—4年级	能参与语言活动（例如：讲故事、课本剧表演、诗歌朗诵等）	结合语文学习，观察大自然，用口头的形式表达自己的见闻和想法	对周围事物有好奇心，能就感兴趣的内容提出问题	1.尝试分类整理学过的字词，尝试发现所学汉字形、音义和书写的特点，帮助自己识字、写字 2.学习组织有趣味的语文实践活动，在活动中学习语文，学会合作；结合语文学习，观察大自然，观察社会，积极思考，运用书面或口头方式，并可尝试用表格、图像，音频等多种媒介，呈现自己的观

学科	技能	阶段	必备技能（培智学校）			基础技能（义务教育）
			了解/理解	掌握	应用	
语文	梳理与探究	3—4年级				察与探究所得 3.能提出学习和生活中的问题，有目的地搜集资料，共同讨论，尝试运用语文并结合其他学科知识解决问题
		5—6年级	体验社区生活，能就感兴趣的内容与他人交谈	1.熟悉社区环境，认识社区中常见的文字标识 2.关注新闻事件，能收听、收看新闻，并简单转述新闻		1.分类整理学过的字词，发现所学汉字形、音、义和书写的特点，发展独立识字能力和写字能力 2.感受不同媒介的表达效果，学习跨媒介阅读与运用，初步运用多种方法整理和呈现信息 3.初步了解查找资料、运用资料的基本方法，利用图书馆、网络等渠道获取资料；解决与学习和生活相关的问题；尝试写简单的研究报告 4.策划简单的校园活动和社会活动，对所策划的主题进行讨论和分析；学写活动计划和活动总结；对自己身边的、大家共同关注的问题，或影视作品中的故事和形象，通过调查访问、讨论演讲等方式，开展专题探究活动，学习辨别是非、善恶、美丑
数学	数与代数	1—2年级	1.经历从日常生活中认识常见的量的			1.经历简单的数的抽象过程 2.认识万以内的数 3.能进行简单的整数四则

| 学科 | 技能 | 阶段 | 必备技能（培智学校） | | | 基础技能（义务教育） |
			了解/理解	掌握	应用	
数学	数与代数	1—2年级	过程，了解日常生活中常见的量 2.经历从日常生活中抽象出数的过程，理解10以内数的意义			运算 4.形成初步的数感、符号意识和运算能力
		3—4年级	体会"加"和"减"的意义	能计算10以内的加法和减法		1.认识自然数 2.经历小数和分数的形成过程，初步认识小数和分数 3.能进行较复杂的整数四则运算和简单的小数、分数的加减运算，理解运算律 4.形成数感、运算能力和初步的推理意识
		5—6年级	1.经历从日常生活中认识常见的量的过程，理解日常生活中常见的量 2.经历从日常生活中抽象出数的过程，理解	能计算百以内的加法和减法；能借助计算器辅助进行百以内的加法、减法计算		1.经历用字母表示数的过程 2.认识自然数的一些特征，理解小数和分数的意义 3.能进行小数和分数的四则运算，探索数运算的一致性 4.形成符号意识、运算能力、推理意识

学科	技能	阶段	必备技能（培智学校）			基础技能（义务教育）
			了解/理解	掌握	应用	
数学	数与代数	5—6年级	11~20各数的意义以及百以内数的意义			
	图形与几何	1—2年级	经历从实际物体中抽象出简单几何体（球）和平面图形的过程，了解简单几何体（球）和常见的平面图形	初步形成识图能力		1.能辨认简单的立体图形和平面图形 2.认识长方形和正方形的特征 3.体验物体长度的测量过程 4.认识常见的长度单位 5.形成初步的量感和空间观念
		3—4年级				1.认识常见的平面图形 2.经历平面图形的周长和面积的测量过程 3.探索长方形周长和面积的计算方法 4.了解图形的平移、旋转和轴对称 5.形成量感、空间观念和初步的几何直观
		5—6年级	经历从实际物体中抽象出平面图形的过程，了解一些常见平面图形的基本	具有一定的识图能力		1.探索几何图形面积和体积的计算方法 2.会计算常见平面图形的周长和面积 3.会计算常见立体图形的体积和表面积 4.能用有序数对确定点的位置，进一步认识图形的

续 表

学科	技能	阶段	必备技能（培智学校）			基础技能（义务教育）
			了解/理解	掌握	应用	
数学	图形与几何	5—6年级	特征			平移、旋转和轴对称 5.形成量感、空间观念和几何直观
	统计及概率	1—2年级		能根据给定的一个标准，对事物做初步的分类		1.经历简单的分类过程，能根据给定的标准进行分类 2.形成初步的数据意识
		3—4年级				1.经历简单的数据收集过程，了解数据收集、整理和呈现的简单方法 2.理解平均数的意义，会用平均数解决问题 3.形成初步的数据意识
		5—6年级		能根据给定的标准，对事物做初步的分类和记录		1.经历收集、整理和表达数据的过程，会用条形统计图、折线统计图表达数据，并做出简单的判断 2.理解百分数的意义 3.了解随机现象发生的可能性 4.形成数据意识和初步的应用意识
	综合与实践	1—2年级	了解数学可以描述生活中的一些现象，初步体会数学在日常生活中的价值	1.对身边与数学有关的一些事物有好奇心，乐于参与数学习活动 2.在他人的引导下，在数学活动中体验成功	感受数学与日常生活的紧密联系	1.在主题活动中认识货币单位、时间单位和基本方向，尝试用数学方法解决问题，积累数学活动经验，形成初步的量感和应用意识 2.能在教师指导下，从日常生活中提出简单的数学问题，尝试运用所学的知识和方法解决问题

学科	技能	阶段	必备技能（培智学校）			基础技能（义务教育）
			了解/理解	掌握	应用	
数学	综合与实践	1—2年级		3.在他人的引导下，感受参与数学学习活动的乐趣 4.在他人的引导下，感受数学活动中的成功		3.在解决问题的过程中，感悟分析问题和解决问题的基本方法，感受数学在生活中的应用，形成初步的几何直观和应用意识 4.对身边与数学有关的事物有好奇心，能参与数学学习活动，在他人帮助下，尝试克服困难 5.感受数学活动中的成功；了解数学可以描述生活中的一些现象，感受数学与生活有密切联系，感受数学美 6.能倾听他人的意见，尝试对他人的想法提出建议
		3—4年级	能根据给定的一个标准，对事物做初步的分类	初步形成基本的数学学习习惯	尝试表达自己的想法	1.在主题活动中进一步认识时间单位和方向，认识质量单位，尝试应用数学和其他学科知识与方法解决问题，积累数学活动经验，形成量感 2.形成推理意识和应用意识，尝试从日常生活中发现和提出数学问题，探索分析和解决问题的方法，经历独立思考并与他人合作交流解决问题的过程，会用常见的数量关系和其他学科的知识与方法解决问题，能初步判断结果的合理性；形成初步的模型意识、几何直观和应用意识

学科	技能	阶段	必备技能（培智学校）			基础技能（义务教育）
			了解/理解	掌握	应用	
数学	综合与实践	3—4年级				3.愿意了解日常生活中与数学相关的信息，愿意参与数学学习活动 4.在他人的鼓励和引导下，体验克服困难、解决问题的成就，体会数学的作用，体验数学美 5.在学习活动中能提出自己的想法，在与他人交流的过程中，敢于质疑和反思
		5—6年级				1.在主题活动和项目学习中了解负数，应用数学和其他学科知识与方法解决问题，积累数学活动经验，形成数感、量感、模型意识、应用意识和创新意识 2.尝试在真实的情境中发现和提出问题，探索运用基本的数量关系，以及几何直观、逻辑推理和其他学科的知识、方法来分析与解决问题，形成模型意识和初步的应用意识、创新意识 3.对数学具有好奇心和求知欲，主动参与数学学习活动 4.在解决问题的过程中，体验成功的乐趣，相信自己能够学好数学，感受数学的价值，体验并欣赏数学美

续 表

学科	技能	阶段	必备技能（培智学校）			基础技能（义务教育）
			了解/理解	掌握	应用	
数学	综合与实践	5—6年级				4.初步养成认真勤奋、独立思考、合作交流、反思质疑的习惯

（5）实施流程

① 课前评估：教师根据当前学生当前的年级，为学生提供基础学科知识测试，若无法掌握超过20%的学科基础知识，则为学生提供该单元的必备知识教学或提供当前年级减1的基础学科知识测试，直到学生能在知识测试中达成或超过60%，该年级知识则为学生学科学习的起点。（如图2）

② 学科学习支持：基于学生现有的学科知识基础，教师针对学生在测试中未通过的知识进行针对性的辅导，或者提供专门化的基础知识作业单，补足学生的学科学习需要。

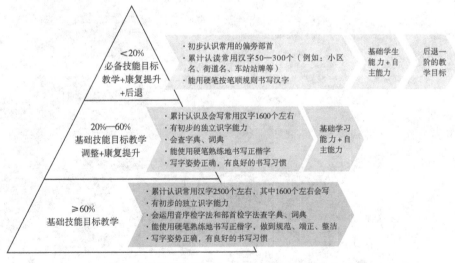

图2 学科学习课程实施（以"识字与写字"为例）

2. 辅助课程

在"多元化区域性融合教育课程建设——以广东省广州市越秀区为例"中已做介绍，此处不再赘述。

第四章

区域融合教育的实践研究

　　融合教育的实施，不可避免会遇到很多问题，如资源中心如何实施融合教育、如何支持普通学校，普通学校所需要的服务是什么，什么样的形式能促进普特双赢等。在做中思考，在思考中实践，我们将研究结果进行了梳理，形成了该章节的主要内容，包括特殊教育指导中心的支持服务体系、特校与医院合作模式、DOT区域融合教育模式的实践探索等。

特殊教育指导中心支持服务体系的实践研究

——以越秀区为例

一、引言

教育部等七部门联合颁布的《第二期特殊教育提升计划（2017—2020年）》中明确指出，要"优先采用普通学校随班就读的方式，就近安排适龄残疾儿童、少年接受义务教育"，表明我国开始着力推进以"随班就读"为主要形式的融合教育。随着融合教育的推进，作为支持保障体系之一的特殊教育指导（资源）中心在建设中遇到很多问题。

1. 融合教育的探索

20世纪中叶以来，随着人权运动的发展，以平等与融合为基本理念的残疾人教育思潮在全球范围内得到广泛推广与实施。随着融合理念的推进，各国不断出台法律，以保障残疾人平等地参与社会文化生活，享受各种权利。融合教育成为推动教育体系整体变革的基本动力。

根据教育部公布的2020年教育数据，特殊教育在校生人数为880800人，其中安置在特殊教育学校的学生为320772人，占所有在校残疾学生的36.4%，其他安置形式如附设特教班、随班就读和送教上门等占所有在校残疾学生人数的63.6%。与2018年数据［以融合的形式（包括随班就读、普通学校中的特教班）接受义务教育的残疾学生共304273人，占所有在校残疾学生人数的52.57%］相比较，安置于普通学校的残疾儿童比例逐步上升。《第二期特殊教育提升计划（2017—2020年）》规定"以普通学校随班就读为主体、以特殊教育学校为骨干、以送教上门和远程教育为补充，全面推进融合教育"。随着融合教育的推进，普通学校所接收的残疾儿童少年将越来越多，面临的挑战也会越来越大。

2. 融合教育的挑战

在我国，融合教育主要是通过随班就读的具体实践来实施。但长期以来，随班就读始终停留在计算入学率的表面层次，难以渗透到质量改进与教育整体改革的深层次。

当前融合教育的困境之一，是不容乐观的教学质量。随着对融合教育教学质量的重视，我国先后出台了一系列的政策与规定。2014年教育部出台了《特殊教育提升计划（2014—2016年）》，将全面推进全纳教育（即融合教育）作为特殊教育发展的总目标，明确提出逐步建立特殊教育质量监测评价体系；2016年国务院发布的《中华人民共和国国民经济和社会发展第十三个五年规划纲要》中明确提出要提升残疾人群特殊教育普及水平、条件保障和教育质量。可见，重视与提高融合教育的质量，已经成为当前我国特殊教育实践领域的紧迫任务。

3. 特殊教育学校的转型以及对融合教育的支持

新时代是我国特殊教育加快现代化、全面推进融合教育、实现高质量发展的历史时期。特殊教育学校应把握历史机遇，加强自身建设，提升办学水平，在促进区域融合教育发展中实现转型，切实发挥"办好特殊教育"骨干作用。丁勇（2020）认为要把特殊教育学校建成区域融合教育管理中心、专业指导中心、师资培训中心。基于区域特殊教育发展的现实需求，同时在相关政策的要求下，全国各地逐步依托特殊教育学校成立了县级特殊教育资源中心。市、县两级特殊教育指导（资源）中心大部分建设依托于区域特殊教育学校，特殊教育学校逐步转型为区域特殊教育资源中心。

4. 区级特殊教育指导（资源）中心规范化建设势在必行

随着高质量随班就读工作的推进，随班就读支持保障体系的建立和完善势在必行，各级特殊教育资源（指导）中心作为其支持保障体系重要组成部分，是融合教育发展过程中的本土化产物。

国务院办公厅关于转发教育部等部门《"十四五"特殊教育发展提升行动计划的通知》指出，大力推进国家、省、市、县、校五级特殊教育资源中心建设，逐步实现各级特殊教育资源中心全覆盖。文件进一步对建设特殊教育资源中心提出了规划和要求。五级体系的特殊教育资源中心在未来的五年内必将逐步建立，并趋于成熟。

区特殊教育指导中心在区域随班就读、送教上门等工作中发挥了不可替代的作用。但整体来看，由于缺乏统一的建设规范、特殊教育区域发展不均衡等原因，我国区县级特殊教育资源中心在建设和运作的过程中面临着急需破解的现实困境，例如工作人员编制不足，教师科研能力薄弱，功能定位不明确，与特殊教育学校的教学任务、办学关系等因素不好处理等。

5. 越秀区融合教育现状

越秀区启智学校顺应时代的要求，积极探索特殊教育学校在融合教育中的支持作用。自2004年越秀区启智学校被广东省教育厅授予"广东省特殊儿童随班就读指导中心"称号之后，先后成立广州市智力障碍儿童随班就读指导中心、智力测评中心等；2019年越秀区教育局整合相关资源，成立越秀区特殊教育指导中心，下设五个职能中心：随班就读指导中心、智力测评中心、转介安置中心、积极行为支持中心、辅具适配中心，针对普通学校的需求，提供资源、培训、个案评估、训练等服务。

近三年来，特殊教育指导中心总共服务个案315人，覆盖小学108所、幼儿园20所，共计1587课时；2021年7月，被省教厅评为全省首批优质特殊教育资源中心。

随着越秀区特殊教育指导中心工作不断深入，同样面临前文中提到的建设标准、运作机制、人员构成以及职责分工等问题。同时在区域融合教育推进过程中，也面临着多部门统筹协作机制不健全，资源获取和分配效能有待提升，以及服务质量有待提升等问题。

笔者于2021年2月份通过调查问卷对越秀区有随班就读学生的学校主管行政、资源教师、相关班级的班主任进行了调查，有效问卷475份，结果如下。

（1）对特殊学生是否应当进入普校接受融合教育方面，数据显示13.26%不认同、37.05%比较不认同。

（2）对各类障碍学生了解程度方面，对智力障碍了解程度最高，比较了解和十分了解的占50.95%，对自闭症比较了解和十分了解的占40.42%。

（3）特殊学生教育方法和策略方面，不了解和不太了解的人占16.64%。

（4）有26.11%的人未阅读过特殊教育有关刊物，43.61%未自学过特殊教育相关知识。

（5）最希望接受的培训方面，64.42%的人认为是特殊儿童情绪行为问题的解决。

（6）77.05%的人认为学校实施融合教育最需要解决的是资源教师的配备。

从结果中可以看出，对有特殊需求学生这一群体，指导中心的指导和支持形式服务内容等需要更加规范化和有针对性。

如何建设更符合其区域随班就读工作需求的资源（指导）中心，提升服务质量，有力推动区域融合教育发展，是我们急需要解决的问题。越秀区特殊教育指导中心建设势在必行，有利于越秀区融合教育的全面推进，帮助全区学习提升特殊需求学生的接纳程度、了解程度以及对各类问题的应对能力，同时也能提升普校对特殊需求学生的帮助与支持、提升特殊需求学生的学习效果与适应性行为。而开展关于构建区特殊教育指导中心支持服务体系的实践，并以此为载体展开理论与实践研究显得非常有意义。

二、核心概念界定

1. 融合教育

融合教育基于教育公平和满足差异化需求的理念，把特殊儿童纳入普通学校中接受教育，提升特殊儿童归属感，学校及班级为其提供优质平等的教育与支持服务。融合教育作为残疾人教育的重要形式，强调通过一切手段为所有民众提供适宜的教育，强调基于每位儿童特别的禀赋和需要，为他们提供便利和支持，使他们能够得到最大限度的发展。融合教育是新时代背景下我国教育改革发展的重要内容，其高质量发展是坚持以人为本、促进教育公平的必然选择和应然之路。

2. 特殊教育指导中心

特殊教育指导中心（特殊教育资源中心、特教中心）是中国融合教育发展过程中的本土化产物，是构建融合教育支持保障体系的重要组成部分，负责为区域内融合教育学校教师、特殊教育需要学生及其家长提供专业支持与服务。

本研究，将特殊教育指导中心定义为能派遣人员，对区域内普通学校、融合教育学生，以及有需求的家长提供融合教育支持和服务的部门，主要服务包括构建融合教育环境、对融合教育学生提供随班就读资格认定、巡回督导、转介安置、辅具适配、积极行为支持、智力测评等服务，对家长和教师提供专业的培训等。

3. 特殊教育指导中心支持服务体系

系统理论认为，体系主要指多种具有内在联系的物体共同组成的一项具有某特定价值的整体。由此，我们可以将特殊教育指导中心支持服务体系理解为，为满足特殊教育指导中心运行的需求而提供各类特殊教育支持服务的有机整体。目前，对于"特殊教育指导中心支持服务体系"还没有公认的定义。

通过对之前提到的服务内容的阐述和归纳，最后得出这一结论，即特殊教育指导中心支持服务体系主要指特殊教育指导中心为满足区域内有关特殊教育的需求，促进特殊教育事业的发展所提供的各项支持服务形成的一个相互联系、相互支撑的系统。

本研究中，特殊教育指导中心支持服务体系包括：中心内部管理制度以及基本运作流程；中心对外服务指南。

4. 特殊需求儿童

本研究参考盛永进（2015）的定义，把特殊教育需要儿童界定为"与正常儿童在各方面有显著差异的各类儿童。从教育学角度来讲，这类儿童是指基于个体差异的显著性，在其身心发展过程中有着特殊教育需要的儿童"。

三、文献综述

为进一步探索我国特殊教育资源（指导）中心（以下简称"特教中心"）研究现状，现采用关键词搜索的方式进行文献检索。首先，采用关键词"特殊教育资源中心""特殊教育指导中心"，分别与"随班就读""融合教育""功能""定位"进行不同组合，在中国知网、万方、数据库进行检索，然后对得到的文献进行筛选。筛选标准：①特殊教育资源（指导中心）现状；②特殊教育资源（指导）中心功能、定位。通过查询，共获得118篇文献资料。通过筛选、阅读及整理发现以下内容。

（一）特殊教育指导中心发展史

1987年12月原国家教委在《关于印发〈全日制弱智学校（班）教学计划〉（征求意见稿）的通知》中提出，在普及初等教育的过程中，大多数轻度弱智儿童已经进入当地普通小学随班就读。这种形式有利于弱智儿童与正常儿童的交往，是在那些尚未建立弱智学校（班）的地区特别是农村地区解决轻度弱智儿童入学问题的可行办法，"随班就读"首次在国家文件中。

整体来看，从20世纪80年代我国相关政策首次提出随班就读，到21世纪初提出由特殊教育学校对区域内随班就读工作进行专业指导，再到《残疾人教育条例》提出在特殊教育学校基础上成立特殊教育资源中心，再到《关于加强残疾儿童少年义务教育阶段随班就读工作的指导意见》要求全面实现县级特殊教育资源中心全覆盖，可以看出，特殊教育资源中心的产生是为了更好地为随班就读提供服务，是为安置后的随班就读学生提供专业指导和教育质量的保障。

（二）特教中心建设和运作的现实困境

中共中央、国务院印发的《中国教育现代化2035》指出：办好特殊教育，推进适龄残疾儿童少年教育全覆盖，全面推进融合教育，促进医教结合。要想全面推进越秀区的融合教育发展，构建相应的支持服务体系至关重要。虽然各地陆续成立特殊教育指导中心，但是目前对于其职能、运作等指引性政策法规少，总体运转不佳，经调查发现各地的特殊教育指导中心面临各类困难与问题，其中最为突出的是"特殊教育专业教师数量不足，教师专业化水平亟待提高"，还有各部门协同发展特殊教育需要加强，以及政策不够完善、资金不配套，实施过程存在诸多薄弱环节等。冯雅静（2020年）指出，特殊教育指导中心的困境为缺乏规范指导，建设和运作随意性较强；专业人才资源匮乏，工作开展受限；职能相对单一，未进行有效拓展。

（三）特殊教育指导中心支持体系服务内容、服务方式

2017年修订的《残疾人教育条例》指出"县级以上地方人民政府教育行政部门应当统筹安排支持特殊教育学校建立特殊教育资源中心，在一定区域内提供特殊教育指导和支持服务"。特殊教育资源中心可以受教育行政部门的委托承担以下工作。

（1）指导、评价区域内的随班就读工作。

（2）为区域内承担随班就读教育教学任务的教师提供培训。

（3）派出教师和相关专业服务人员支持随班就读，为接受送教上门和远程教育的残疾儿童、少年提供辅导和支持。

（4）为残疾学生父母或者其他监护人提供咨询。

（5）其他特殊教育相关工作。

有文献总结经验，得出特教中心的功能如下。

（1）对于教育行政部门等来说，为特殊教育事业提供决策智囊，出台区域特殊教育政策、配备专业人员、培训师资等都需要特教指导中心基于现状去和各部门协调、申请、倡导并落实；对于学校、教师、学生、家长来说，根据他们的不同需求协调、配备各种特殊教育资源，包括康复训练设备、图书资料等，也可能需要提供专业技能培训、各类专业咨询等。

（2）积极主导，提升普通学校融合教育资源中心建设水平、加强巡回指导；强化对普校融合教育资源中心的专业支持，提供保障，确保普校融合教育可持续发展。

（3）整合资源，形成全方位特殊教育支持体系：行政支持体系，在教育行政部门的领导下，依托镇区特教专干推进镇区特教工作，提供特教行政支持；专业支持体系，以巡回指导，教师和资源教师为骨干，点面结合推进融合教育工作；资源服务支持体系，特教中心统筹规划全市的特教资源，提供图书、期刊、辅具、教具等有形资源，及家长咨询服务等专业资源；提供基于特教评估的个案跟进服务；开展融合教育课题和教学研究活动。

（4）创设多元的个性化课程支持学生，采取"一校一医""一校多医""多校一医"等灵活多样的合作方式，建立多层次互动的医教结合专业服务机制，为各类特殊学生提供合适的教育、康复和保健服务。从医学健康普查、专科会诊、转介就诊三个层面，为区域内特殊儿童提供个性化特殊教育服务；搭建专业培训平台支持教师，建立医学和教育专业人员深入合作的协同机制，开展基于康复训练实践的特教教师医教结合实训工作；提供高端公益服务支持家庭，整合高端医学专家资源，搭设医教结合服务平台，就孩子成长过程中的家长困惑开展医教结合家长沙龙，邀请医生与家长交流，提供干预建议，帮助孩子更好地成长。同时，按需提供中医义诊，拓展书写障碍学生家长培训；整合多方专家资源支持学校，组织医生进学校，除了在特教学校设有常规的医生咨询之外，还开展医教结合式的随班就读视导，每校邀请1位特教专家和1位医学专家共同坐镇，通过观课、听汇报、互动研讨等方式，帮助区域内每一所随班就读学校针对每一个随班就读学生的不同特点和需要，研讨适合每一个随班就读学生发展的方法。

综上所述，特殊教育指导中心的服务内容和方式，可以归纳为直接服务和间接服务。直接服务包括对学生进行评估训练、巡回督导；对学校开展融合教育宣导、培训。间接服务包括提供政策咨询、资源服务等。

（四）特殊教育指导中心支持体系服务流程

（1）特殊教育指导中心幼儿康复训练项目服务流程如下。

向各幼儿园、早教机构和妇幼保健院发放特殊幼儿康复训练需求推荐表，搜集并整理报名信息。邀请医教专家，召开医家校家长会，对报名参加康复训练的孩子进行医学评估，教师访谈家长和观察评估孩子，医教结合评估孩子是否参加个训。根据孩子评估结果，安排课程和训练方式，由中心教师、国际治疗师指导、音乐治疗专业志愿者、华东师范大学特教系专业志愿者为特殊幼儿开展个别化训练。制定个别化目标及方案，根据方案进行康复训练，其间每日教研，每月一次家长交流活动，定期专家指导。过程性动态评估，根据结果有的继续实施训练，有的调整IEP和康复方案。最后学年末评估，提供假期训练建议，假期结束进行家访，了解训练情况。不参加个别化训练的特殊幼儿可以参加医教结合家长沙龙、名医坐堂、学前中心组等活动。

（2）基于特教评估的个案跟进服务的流程如下。

首先对上报申请服务的学生进行初步筛选，指导学校和家庭通过调整座位、爱心小伙伴、陪读家长、资源教师、补救教学等方式进行支持；若效果不明显，则由中心正式接案，提供个案跟进服务。

文献中较多是针对某一项服务的流程介绍，对于整体的特殊教育指导中心服务流程研究是不足的。

（五）特殊教育指导中心支持体系服务评价

（1）需要特殊教育服务的个体是否能够及时、高效地获得相关服务资源以及所获得的服务资源是否可以满足他们的特殊教育需要，应该是衡量特殊教育支持服务体系质量的重要标准。如是否所有有特殊教育需求的对象都获得了支持服务，包括学校、教师、学生和家长等；提供了哪些支持服务、以何种形式提供这些服务以及专业人员是否高水平、优质地提供了这些服务等。

（2）根据以江西省为主要调查对象，特别是已经挂牌成立特殊教育资源中心的12个县区开展的，关于中国特殊教育资源中心的调查研究中，研究者通过发放调查问卷，从五个维度收集数据，即中心的基本情况、主要功能、运行管理、存在的问题、所需的支持。通过调查发现，国内的特殊教育发展主要形成了四级资源体系，具体包括：省级特殊教育资源（指导）中心、地市级特殊教育资源中心、县区级特殊教育资源中心、校级资源教室。其中县区级特殊教育资源中心数量和质量都有待提升。从质量上看，按照新版《残疾人教育条例》的要求，资源中心是集"指导、评价、咨询、培训、送教"等功能为一体的服务机构；但从调查结果来看，江西省现有的12所资源中心很多功能都没有实现。在评价、培训、咨询三项职能上，有50%及以上的中心没能实现，可见，县区特殊教育资源中心运行管理不规范，制度建设缺失严重。

综合上述，关于特殊教育指导中心支持服务体系的评价少，从有限的文献中获得思考是可以从制度建设规范性、完整程度、提供服务全面性等方面进行评价方面的研究。

四、研究方案

（一）研究目标

本研究对越秀区特殊教育指导中心的建设以及运作情况开展调查研究，分析越秀区特殊教育指导中心存在的问题，并基于问题提出对应的对策，并形成服务的规范、运作流程等，为区特殊教育指导中心发展提供可借鉴的经验。具体研究目标如下。

（1）厘清中心的职能，建立特殊教育指导中心服务流程、指导手册。

（2）通过调查问卷以及访谈，考察区特教中心支持服务体系的运用成效。

（二）研究内容

（1）以越秀区融合教育实施相关人员（巡回督导教师、资源教师、九年义务教育普通学校特殊教育主管行政、随班就读学生所在班班主任）为调查对象，从教经验、对随班就读政策了解情况、对特殊学生特征了解情况以及对融合教育常用方法策略、遇到的困难等方面展开调查，了解主要相关人员对于区域融合教育的认识情况以及实施过程中遇到的问题等，确定特殊中心的职能。

（2）明确构建特殊教育指导中心支持服务体系的内容，包括服务对象、服务内容、服务方式、服务流程、服务评价。

（3）结合本区的实际情况，以及文献了解全国特教中心在建设过程中的经验，分析体现特教中心支持服务体系的运用成效的因素，如学生成长、教师发展、家长进步、项目的推进等。

（三）研究对象

越秀区特殊教育指导中心成立于2019年12月，下设五个职能中心，转介安置中心、智力测评中心、随班就读指导中心、积极行为支持中心和辅具适配中心，从而更好地保障幼小、小初、初高（职）学段衔接工作的畅通，推动15年学段教育的无缝对接。本研究以特殊教育指导中心为研究对象，问卷调查对象为412名，访谈对象为13名（包括2名家长、3名资源教师、2名班主任、2名普通学校主管特殊教育行政、4名巡回督导教师）。

（四）研究方法

1. 问卷调查法

通过问卷，在研究初期对区域内普通学校特殊教育主管、资源教师、有随班就读学生的教师进行调查，了解区内教师对于特殊需求学生、相关教学方法和策略的了解情况，以及主要问题等；后期，利用问卷调查，了解特殊教育指导中心对于区融合教育的影响程度。

2. 访谈法

对普通学校教师、家长进行访谈，了解区域内教师、家长需要怎么样的服务内容（服务需求），服务体系运行后教师、家长对服务流程、服务效果的满意度。

3. 个案研究法

通过抽样调查，分析若干数量的随班就读学生的档案，分析其在校课堂参与度、学科能力以及适应性等其他能力提升情况，从侧面了解特殊教育指导中心支持服务体系的运行成效。

（五）研究思路（如图1）

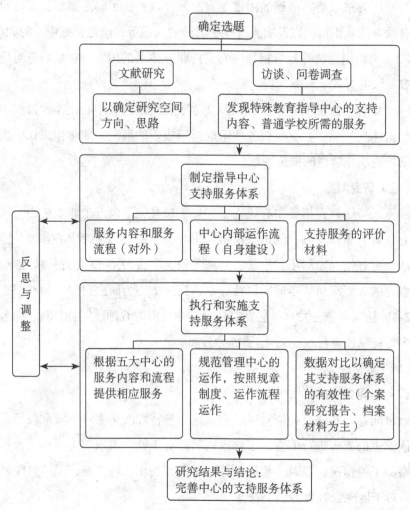

图1　研究实施路径

五、研究实施过程

本研究分为三个阶段，具体实施过程如下。

（一）准备阶段（2021年2月—2021年6月）

（1）编制区域融合教育基本情况调查问卷。本次调查问卷的目的：①初步了解相关教师对于融合教育的基本了解情况；②首次调查数据作为提升特殊中心功能后的调查数据进行对比，以确定特教中心的服务效能提升情况。

（2）初步发放调查问卷，并进行调整，最后确定调查问卷的项目。整理分析调查问卷，整理出数据。搜集文献，并整理相关资料。

该问卷共有20个封闭式问题，主要包括各特殊教育学校基本信息，特殊教育教师的基本情况，资源教室的建设情况，教师对于特教中心的了解情况，教师对各类型特殊学生（含随班就读学生）的了解情况，教师对特殊学生教育方法、策略的了解程度，教师对融合教育的相关知识学习和使用情况，教师接受特殊教育或融合教育相关培训的情况及所遇到的困难，学校实施融合教育最需要解决的问题等。

本研究使用问卷星进行发放问卷，使用spss19.0对封闭式问题填答数据进行录入，主要采用描述性统计方法以及对比分析法对所收集统计的信息加以分析，具体结果总结如下。

（1）教师对于特殊教育指导中心了解不足，32.12%教师不知道越秀区建立了特殊教育指导中心；不太了解和不了解特教中心功能的教师占38.12%。

（2）在特教指导中心的功能方面，结果如下：开展家长培训（83.79%）、针对个案提供训练服务（78.21%）、开展特殊教育培训（57.05%）、提供特殊教育电子资源和教学资源（50.32%）、开展各种学生融合活动（46.78%）、开展特殊教育教师比赛（32.17%）、提供学生综合评估（39.46%）、提供课程调整的策略（27.34%）。

（3）教师对于普通学校常见的障碍类型了解程度不足，不太了解和不了解的障碍为：听力障碍（19.16%）、视力障碍（18.31%）、言语和语言障碍（16.42%）。

（4）教师对于融合教育常见方法了解不足，对于方法的使用有限。

（5）培训针对性不足，同时专业性强，教师掌握难度很大。

（二）实施阶段（2021年9月—2022年6月）

制定特教中心职能以及运作流程，建构中心支持体系，同时在其支持体系的指引下，为普通学校提供相关服务。该阶段，主要完成工作如下。

1. 确定特殊教育指导中心的职能

文献资料表明，魏晋河、王永祥研究表明区域特殊教育中心应集特殊学校学生、家长接受心理、康复、教学等服务，还能对普通学校进行随班就读指导，以及区域特殊教育咨询等功能，才能更好地提高特殊教育工作整体水平。咎飞指出区域特殊教育指导中心有协助区域制定特殊教育资源规划、组织和实施教育的诊断与评估、指导普通学校实施个别化教育、开展区域特殊教育管理和研究、培训师资等多重功能。强调了尽可能确保所有有特殊需要的学生都能获得与自己学习能力相配套的学习资源，以响应和回应不同教育对象的不同教育需求。林开仪、汤剑文认为特殊教育指导中心在区域融合教育工作的推进中发挥着重要的角色，主要有三大职能：管理与指导、培训与教研、服务与资源。秦铭欢、刘霏霏指出特殊教育指导中心职能是在融合教育背景下，为实现区域特殊教育发展和推进融合教育、面向教育行政部门、普通学校、特殊学生及家长、各类特殊教育教师等服务对象应承担的职责和发挥的功能，包括管理与指导、教学指导、培训与教研、社会服务等。秦铭欢在《特殊教育资源中心发展现状、问题及对策研究》一文中把特殊教育指导中心职能结构概括为以下四维度：管理与指导、教学指导、培训与教研和社会服务。

同时，调查问卷数据显示，普通学校教师对于中心职能的期待集中在个案服务、家长培训、教师培训、教学指导等方面。

特教中心作为区域特殊教育指导中心，其功能的确定，也要结合越秀区的区域情况。

越秀区自古"崇文重教"，文化底蕴深厚，区委、区政府全力打造"学在越秀"品牌。为打造高质量融合教育，越秀区以习近平新时代中国特色社会主义思想为引领，秉承"接纳、支持、共融"的理念，构建"生命多样""生命多姿""生命多善"教育生命共同体。生命多样是尊重生命的多样性；生命多姿下每个生命都应散发自信的光彩；生命多善使特殊青少年和普通青少年友善相处，共同成长（如图2）。

区融合教育工作目标是构建普特结合、学段完整、普职融通的全方位支持体系，为每一个有特殊需求的青少年提供15年无缝对接的个性化、高质量且适宜的教育及康复服务，促其"全人发展"，成为最好的自己，享受同样精彩的人生。让普通学校和教师"教有所得"、家长"育有所获"，从而实现区域基础教育优质均衡发展。

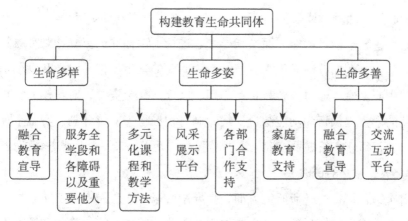

图2 教育生命共同体架构

越秀区特教指导中心的愿景：以实现"全人发展"为目标，让每一个特殊学生成就最好的自己，享有同样精彩的人生。

越秀区特教指导中心的使命：为每一个区域内有特殊需求的青少年，提供15年无缝对接的个性化、高质量且适宜的教育及康复服务；构建起普特结合、学段完整、普职融通的全方位服务支持体系，努力让每一个学生从"特殊"到"普通"，更好地融入社会，实现平等的自我。

下面从秦铭欢对特殊教育指导中心的职能结构四维度，对越秀区特殊教育指导中心的职能结构进行介绍。

具体职能如下。

首先在管理与指导职能方面，越秀区特殊教育指导中心从2019年成立以来，为区域融合教育提供资源、个案评估、训练、培训等全面、系统、专业化服务。区域已完成资源教室基本布局，在18个学区建设33间资源教室，打造了6所各具特色的融合教育学校（园），为全面推进融合教育提供保障。除此以外，区内已储备一批高水平的特殊教育教师，进行区域巡回指导，有1名特殊教育教研员、23名巡回督导教师，省名校长工作室主持人1名、市名教师工作室主持人2名，省市区级名师44名，辐射引领融合教育发展。指导中心在省标准化研究院指导下，制定《特殊教育教师专业要求》《残疾儿童、少年义务教育阶段随班就读服务规范》两项行业标准，为融合教育实施提供参考和依据，使服务更加精准、科学。为促进越秀区融合教育的发展，指导中心还设立了随班就读指导中心，为随班就读学生提供综合评估、随班就读资格认定等。

其次，教学指导职能方面，指导中心进行了课程的创新。针对有康复训练需要的学生，例如普通学校中有情绪行为问题的学生，指导中心开设了积极行为支持中心。希望通过整合教育、心理、医疗的社会资源，对普校需要积极行为支持的学生提供行为功能综合评估、制订积极行为支持计划、实施干预，并为学校、教师、家长提供咨询、培训等服务。近三年来，总共服务学校128间，个案315人，逾1587课时。

再次，在培训与教研职能方面，指导中心以智库、跨专业团队高位引领，通过校内外培训、研讨等有计划有组织的人才培养体系，为教师和学校提供高效的服务，补偿其短板并使其优势更加精深。三年来，多平台助力教师专业成长，完成全区小学六模块融合教育培训，为普校小学和初中教师开设了《特殊教育导论》《智障学生生理特征及教学策略》《学习障碍、情绪障碍、注意力缺陷学生的生理特征及教学策略》《自闭症学生生理特征及教学策略》《行为情绪管理》《听障、视障与语障儿童的生理特征及教学策略》等6门课程，实行送教到校113次，约339课时，开展线上培训300多人次。每周四针对普通学校的行政、资源教师、随班就读生相关教师三类人群，开展"云聚慧"线上教研，效果显著。2020年5月，《区域性"DOT"融合教育模式的实践研究》成为广东省教育科学规划课题，进一步探索了特教中心的运作和支持模式。

最后，在社会服务职能方面，指导中心设立了5个职能中心，分别是随班就读指导中心、转介安置中心、智力测评中心、积极行为支持中心、辅具适配中心。自各中心成立之后，为市、区内普通学校提供了师资培训、个案辅导、环境建构、智力检测、资格认定等服务。如指导中心建立了特殊需求家庭的支持体系，以联盟基础，联合各方面的社会力量，为特殊需求家庭提供保障服务，提升家庭功能、构建和谐的家庭氛围，为其具有治愈和成长能力而努力。中心还编制了融合教育宣传片、印制了中心宣传手册，面向社会公众宣传推广特殊教育，让社会人士能了解、理解和支持融合教育与企业的发展。（如图3）

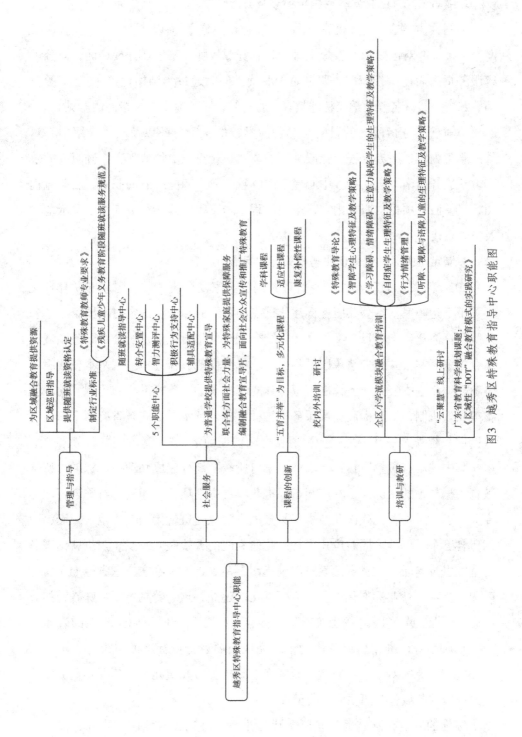

图3 越秀区特殊教育指导中心职能图

2. 编写《越秀区特殊教育指导中心服务指南》

编写《越秀区特殊教育指导中心服务指南》（以下简称"《服务指南》"），并对区内特殊教育主管行政、资源教师、班主任开展培训，充分了解服务指南表述是否精准，服务是否明确。同时通过半结构化访谈3名资源教师、2名家长，1名普通学校特殊教育主管行政，了解对于服务指南的意见。

编写《服务指南》的目的是对普通学校的主管行政以及教师介绍中心对外的服务内容、服务流程，让服务更加透明、让流程更加清晰，提升服务的效率。《服务指南》包括特教中心建立的背景、五个职能中心的职能、服务流程图、具体服务项目的服务内容、申请流程、结案程序等、相关表格填写示范以及空表表格。

3. 制定越秀区随班就读服务相关行业标准

2020年3月24日，市场监督管理总局、国家发展改革委、财政部联合发文《关于下达国家基本公共服务标注化试点项目的通知》，确定51项国家基本公共服务标注化试点项目，文件指出，综合试点单位要在确定的公共服务领域，结合国家基本公共服务清单以及相关行业标准规范，梳理本地区基本公共服务事项，编制基本公共服务标准规范，建立基本公共服务标准实施检测、动态调整等长效机制，不断提高基层服务机构标准化管理水平。广东省有两个综合试点区域，越秀区是其中之一。初期越秀区梳理确定145项基本公共服务清单，其中"学有所教"11项，最终"学有所教"部分完成46项行业标准。特殊教育占据其中两项标准，在广州市标准化协会中立项，并通过《特殊教育教师专业要求》一份，《残疾儿童少年义务教育阶段随班就读服务规范》一套，内部包含五个子标准。同时广州市标准化研究院的《残疾儿童少年随班就读服务规范》以及《融合教育资源教室建设指南》两项地方标准在广东省标准化研究院成功立项。行业标准化以及地方标准化的建立，预示着越秀区特殊教育指导中心为随班就读学生提供的服务流程、内容、形式等得到了专家和行业的认可。

在广东省标准化研究院协助下，完成两项目行业标准的申报、立项、中审、终审。专家对于《特殊教育教师专业要求》《残疾儿童少年九年义务阶段随班就读服务规范》两项标准给予肯定。

标准的制定，从越秀的实际和优势出发，站高谋远、破旧谋新，深入挖掘、提炼越秀融合教育方面基本公共服务特色做法，对外输出基本公共服务标准品牌，为全市、全省、全国基本公共服务标准化工作提供更多探索成果、实践范例。

4.编写《越秀区特殊教育指导中心内部运作指南》从内部管理的角度，规范特教中心的运作

（略）

5.编写《越秀区资源教室运作指导意见（试行）》

在特教中心发挥职能，推进融合教育过程中，资源教室作为重要的实施策略，发挥着重要的作用。为了规范资源教室运作，对未来开展资源教室评估提供参考标准，特研制了《越秀区资源教室运作指导意见（试行）》（以下简称"《意见》"）。

《意见》从基础建设、专业建设、业务管理、经费四方面展开，制定49项细则，合计100分。同时，将资源教室分成7个组，形成阶梯式团队，指导中心派遣督导指导核心成员，核心成员带动其余组内成员发展，为进一步对资源教室进行评估奠定基础，为提升融合教育质量提供保障（如表1）。

表1　资源教育分布

指导中心	资源教室中心校	资源教室成员校
区特殊教育指导中心	一、越秀区清水濠小学	越秀区文德路小学
		越秀区红火炬小学
		越秀区珠光路小学
	二、越秀区水荫路小学	越秀区铁一小学
		越秀区雅荷塘小学
	三、广州市第七中学实验学校	越秀区中星小学
		越秀区环市路小学
		越秀区养正小学
	四、广州市八一希望学校	越秀区小北路小学
		越秀区东风西路小学
	五、广州市满族小学	越秀区净慧体校
		越秀区回民小学

续　表

指导中心	资源教室中心校	资源教室成员校
区特殊教育指导中心	六、广州市第一幼儿园	广东省育才幼儿园一院
		越秀区麓景路幼儿园
		越秀区泰康路幼儿园
		启智学前部
	七、广州市第二幼儿园	广东省育才幼儿院二院
		越秀区云台里幼儿园
		南部战区空军直属机关幼儿园

（三）总结阶段（2022年9月—2022年12月）

（1）整理过程性材料，形成《特殊教育指导中心职能》《越秀区特殊教育指导中心服务指南》《越秀区特殊教育指导中心内部运作指南》，并且整理区域标准化建设的相关材料。

（2）2022年9月发放第二次问卷调查，收集和整理数据，分析影响特教中心支持效能的因素。发放第二次调查问卷，数据显示如下。

① 教师对于特殊教育指导中心了解，11.21%教师不知道越秀区建立了特殊教育指导中心，不太了解和不了解特教中心功能的教师占14.62%。在特教指导中心的功能方面，结果如下：开展家长培训（77.41%）、针对个案提供训练服务（82.32%）、开展融合教育培训（78.36%）、提供融合教育电子资源和教学资源（78.91%）、开展各种学生融合活动（32.63%）、开展融合教育教师比赛（41.23%）、提供学生综合评估（89.12%）、提供课程调整的策略（30.21%）。与2021年12月相比较，教师对于特教中心的职能了解程度有很大幅度提升。在特教中心功能方面，对于个案提供直接服务包括综合评估等需求有提升，对于提供融合教育电子资源的需求也很大，对于开展家长培训的需求有所降低。

② 2021年2月调查问卷结果显示，对各类型特殊学生（含随班就读学生）仍有10%—19%教师对各类型的特殊学生不太了解和不了解，特别对于听觉障碍（19.16%）、视觉障碍（18.31%）、言语和语言障碍（16.42%）、肢体障碍（16.63%）等学生有较多教师的了解程度较低。

针对此调查的结果，越秀区特殊教育指导中心在2021年3月—2022年7月在我区各所学校多次开展线上及线下的《普校中特需生的类型及其特征》专题讲座，其中针对教师对听觉障碍、视觉障碍以及言语和语言障碍、肢体障碍等障碍类型学生了解程度较低的情况，增设了更多的篇幅去讲解以上四种障碍类型的基本特征，务求让普校教师能够对各种障碍类型学生的特征初步的认识与了解，从相关数据得出，2022年9月教师对各类型特殊学生（含随班就读学生）不了解和不太了解的比例降至2%以下，教师对各类型特殊学生了解程度均有大幅的提升。

③ 2021年2月在所调查学校的教师中仍有56人（11.78%）没有使用过融合教育的方法策略，基于IEP的课程调整策略使用的人数较少，仅有103人（21.68%）使用，教师整体使用融合教育方法策略程度还有待提升。

针对上述的情况越秀区特殊教育指导中心在2021年3月—2022年7月为我区各所已学校多次开展线上及线下培训讲座，提升教师融合教育及特殊教育相关的专业水平。从2022年9月数据可以看出，所调查学校的教师对特殊学生教育方法和策略的了解程度，对特殊教育相关知识的自学程度及策略使用程度均有较大幅度的提升，较大程度地提升了区内融合教育教师的相关专业的水平，以更好地提升普校对特殊需求学生的帮助与支持、提升特殊需求学生的学习效果与适应性行为。

④ 2021年2月在所调查学校教师中，对于特殊儿童的日常行为规范的管理、行为问题的处理、对特殊儿童的了解、教法和学法的调整以及制定个别化教育计划这几个方面会遇到困难，希望得到相应的支持与建议。针对上述的情况，越秀区特殊教育指导中心在2021年3月—2022年7月综合教师所反映的需求及困难，依次了开展了《特殊儿童的情绪与行为管理》《教育诊断和心理评估》《面向特需生的课程调整方法（教学目标和内容、教法与学法、教育和教学评价）》《如何制订和实施个别化教育计划（IEP）》线上及线下培训讲座，针对教师反映比较重点的一些培训，除了由中心资深的随班就读督导进行讲解以外，还会布置相应的作业，让教师们回去可以更好将所学的方法应用到实际的融合教育教学中去。后续会继续通过问卷的形式去了解当前教师的培训需求及所遇到的困难，以更好开展后续的相关培训与支持。两次调查问卷的数

据显示，经过特教中心的宣传、培训以及指导，教师对于特教中心的了解程度提升了，对于各种障碍类型以及融合教育政策、常见策略等方面的了解也有所提升。

从教师对于特教中心功能的期待可以看出，对于特教中心的支持效能评价可以从中心管理和运作、教师融合教育理论和实践技能、学生适应能力三方面展开。

（3）撰写研究报告、论文。课题组成员积极整理资料，提炼成果，成员鲁浩南完成《广州市越秀区融合教育基本情况调查报告》，成员王伟桢完成《越秀区特殊教育指导中心职能架构》，成员赵浩贤完成《国内特殊教育指导中心现状调查报告》，主持人曹丽敏完成《结题报告》以及配套的制度以及服务规范等。

（4）整理相关调查问卷、访谈数据，形成特教中心支持服务体系。

六、研究结果分析

本研究以越秀区特殊教育指导中心为研究对象，通过对承担特殊教育指导中心的行政管理、业务管理和巡回督导工作人员开展访谈，通过对参与融合教育工作的普通学校特殊教育主管行政、资源教师、班主任开展问卷调查和访谈，对随班就读学生家长2名开展访谈，将得到的信息从特教中心制度建设、硬件资源建设、师资建设、业务开展情况、需求现状五方面进行整理，具体内容如下：

（一）特教中心制度建设情况

越秀区特殊教育指导中心在筹建之初，已经有多年的融合教育指导经验，自1994年被授牌为"广州市弱智儿童智力综合测评中心"，就开始对广州市有需求的小学生开展智力测评。同时2004年被广东省教育厅授牌为"广东省特殊儿童随班就读指导中心"，2015年成为"广州市智力障碍儿童随班就读指导中心"。同时资料显示，2007年，中心便承担了越秀区随班就读资格办理的任务，对区内有随班就读需求的学生进行资格认定，并对随班就读学生建立初步的档案。具体情况（如表2）。

表2　越秀区相关中心一览表

	名称	挂牌时间	挂牌单位	文件方面	主要承担工作	工作量	资金情况
1	广东省特殊儿童随班就读指导中心	2004年	广东省教育厅	无文件有公章	广东省特殊儿童随班就读指导，主要开展工作为宣导、咨询建议工作	无明确工作量	无
2	广州市弱智儿童综合智力检测中心	1994年	广州市教育局	无文件有公章	主要承担广州市普通学校、学龄前儿童智力检测，越秀区随班就读学生资格认证、建档等	2014年前面向广州市普校，共对3628个学生进行了智力检测；2014年后主要对区内普校学生进行智力检测，每年约评估130个学生，年工作量约195天 随班就读学生资格审核以及建档等工作，每年需要20天工作量	曾有三万补助到随班就读工作方面，具体发了几年查不到数据
3	广州市智障儿童随班就读指导中心	2015年初	广州市教育局	无文件有公章	主要承担广州市随班就读学生中智力障碍学生的支持	2012年9月至2022年7月直接服务18个个案/年（区内学生8人/年），巡回指导工作约164课时/学生/年；联合广州市其他助班就读指导中心开展共同指导工作，服务越秀区个案2人，共约10课时	2017年22.5万
4	越秀区随班就读指导中心	2015年12月	越秀区教育局	无文件有公章	对区内随班就读学生进行全面支持、并对全区进行特殊教育相关培训	为普校小学和初中教师开设了《特殊教育导论》《智障学生生理特征及教学策略》《学习障碍、情绪障碍、注意力缺陷学生的生理特征及教学策略》《自闭症学生生理特征及教学策略》《行为情绪管理》	无

	名称	挂牌时间	挂牌单位	文件方面	主要承担工作	工作量	资金情况
4						《听障、视障与语障儿童的生理特征及教学策略》等6门课程，实行送教到校113次，约339课时	
5	越秀区积极行为支持中心	2015年12月	越秀区教育局	无	对区内有需求的普校学生提供积极行为支持服务，从三个层面构建支持环境	2016年服务20所普校，接到报案167名，共服务11名学生，共到学校支持和训练420课时 2017年服务14所学校，接到报案86名，共服务15名学生，共到学校支持和抽离训练388课时 2018年服务个案2人，到学校支持共80个课时 2019年服务个案12人、2020年服务个案4人、2021年服务个案8人、2022上半年服务个案6人	无

2019年依据《广州市越秀区第二期特殊教育提升计划实施方案》，成立越秀区特殊教育联盟。

越秀区特殊教育指导中心下设五个职能中心，目前建立了《特殊教育指导中心场室管理制度》《特殊教育指导中心人员架构》《特殊教育指导中心服务指南》《特殊教育指导中心内部运作指南》等。访谈中，老师提到，由于人员不足，即使制度建立，在执行方面仍存在一定的困难。

（二）硬件资源建设

目前特教中心挂靠于越秀区启智学校，位于白云校区6楼，建筑面积约为110平方米，分为内前台、接待区、评估区、训练区、资源区、会议区等。特教中心目前在教育教学设备以及教具方面共计投入约30万，包括VR训练仪、一体机、多册教师用书以及学生教材、玩教具等。受访人员提到，特教中心在基础硬件方面还存在不足，例如尚未配备电话、电脑、打印机等；可用于支援融合教育的教学资源配备不足，例如适合随班就读学生使用的学科类教材、教辅材料、认知训练材料等。

（三）师资建设方面

特教中心区承担着全区特教师资的培养和培训工作，培养和培训对象有特校全体教师、从事特教工作的普校教师等，目前，特教中心所有工作人员基本情况如下。

1. 基本情况

越秀区启智学校校长兼任特教中心负责人，目前设立特教中心主任1名、副主任1名，均为兼职。特教中心下设五个职能中心，随班就读指导中心、智力测评中心、转介安置中心、积极行为支持中心、辅具适配中心。从学校选拔出相关人员兼职五个职能中心负责人，并派遣7名教师作为兼职巡回督导教师、积极行为支持教师。特教中心工作人员合计为15名兼职人员。

特教中心成员中有1名为特殊教育专业毕业，其余均为非特殊教育专业毕业。15名教师均有10年以上工作经验。其中1名教师从事教育教学管理，12名教师为康复训练教师，2名教师为培智学校班主任。

2. 教师培训情况

自2008年开始，启智学校和特教中心均组织大量的培训，对特殊学校和普通学校教师开展特殊教育和融合教育相关培训近百场，主要涉及各种障碍类型的认识和教育教学方法、评估与鉴定、融合教育相关政策以及常用策略、班级经营与管理等。同时组织特教中心人员多次赴东莞市、中山市、佛山市、北京市进行考察学习。特教中心教师基本能应对日常中心的工作。访谈中，老师提到，对于普通学校随班就读学生的把控能力较好，但是对于非随班就读学生的注意力不集中、学习障碍在指导方面存在困难。老师对于抑郁症、焦虑症的学生比较束手无策。3名受访教师都希望能够增加对于心理障碍、精神类障碍疾病的培训。

（四）特教中心业务开展情况

特教中心主要开展的业务有特殊学生筛查评估与安置、随班就读学生资格认定、巡回指导、特殊教育师资培训和教研、特殊学生的个案管理、普校随班就读工作督导考核等。

（1）特殊学生筛查、评估与安置方面。从2015年开始，特教中心每年四、五月组织全区即将进入普通小学的特殊需要幼儿进行筛查、评估。由越秀区教育局牵头、转介安置中心落实，联合区儿童医院、区教育研究院、区残疾人联合会开展联合评估与鉴定，召开家长研讨会，给予训练建议和安置建议。分为四个阶段：第一阶段收集数据阶段，与区残疾人联合会、越秀区卫健部门充分合作，初步收集区内适龄残疾儿童的基本情况，逐一电话落实，建立基本的转介安置信息档案；第二阶段全方位评估，综合研判分析，对幼儿开展《韦氏儿童智力量表第四版》《适应行为评定量表第二版》《幼小衔接课堂适应性行为》评估，通过数据分析，小组综合研判分析形成教育安置意见以及训练建议；第三阶段跨专业整合，召开多方面人员组成的安置研讨会，介绍越秀区融合教育政策、入小学遇到的困难和解决办法等，让家长充分了解幼儿的情况，确定合适的安置方式；第四阶段，追踪支持，对本学期安置的学生开展后期的跟踪服务，了解学生入学适应以及学业表现的整体情况，并及时给予支持。自2015年至今，服务200多名学生。

（2）随班就读资格认定工作。依据相关文件，对区内符合条件的小学生开展随班就读资格认定。自2013年开始，特教中心服务对区内残疾儿童1600多名进行资格认证，并对区内45所小学和部分初中展开巡回督导。

（3）积极行为支持。自2015年，对区内31所小学的85名学生开展积极行为支持服务，累计3000多课时。

（4）智力测评工作。自2011年，对越秀区有需求的小学生开展智力测评，每年约100人次。

（5）辅具适配工作。自2015年，对越秀区有需求的学生提供辅具评估以及适配工作，共制作辅具1000余件，对150多名学生提供辅具服务。

（6）教师培训工作。对普通学校教师开展融合教育相关培训，近三年开展培训逾30场。开展家长培训逾20场，并开发送大量的电子资源给普通学校教师和家长。

（7）成果提炼方面。2022年2月举办第一届越秀区融合教育成果比赛，共收到论文、教育叙事、案例共185份。

（8）社区活动方面：三年来，残联和教育研究院、中心联合开展指导近100人次。多维度支持学校融合环境的建设，打造了6所各具特色的融合教育学校（园）。2022年举办第一届融合教育绘画比赛，共收到绘画作品逾58件。通过"秀霓虹"项目，开展普通学生走进特殊学校超过500人次。

（五）需求和现状

（1）工作机制尚不健全。

（2）普通学校特殊儿童少年个案量大。

（3）特殊需要学生障碍类型呈现多样化。

（4）区域融合教育服务支持不足。目前，全区共有243名随班就读学生，分布在79所中小学，区域建设完成的资源教室有10间，专职资源教师3人，进行巡回督导等工作的教师有兼职教师18名。

（5）融合教育工作缺乏政策支持。

（6）残疾儿童少年安置形式融合度不足。

（7）针对提升融合教育教师专业能力的培训力度不足。

（8）人员编制不足，尚未配备专职的人员，兼职教师在工作分配上面存在很大困难。

（9）特教中心投入不足，目前主要为硬件建设，对于信息化方面投入不足，特教中心作为一个资源中心，应该储备一定的资源，通过信息化技术平台提供各种教学资源。

七、研究结果

随着越来越多的残疾学生到普通学校接受教育，融合教育面临着艰巨的任务和挑战。特教中心作为融合教育支持体系的重要部分，在融合教育的推进过程中承担着重要的角色。

越秀区特殊教育指导中心作为广州市率先建设的特教中心之一，由于建成时间较长，在运行的过程中已经积累了很多经验，形成了一套运作比较顺畅的服务体系。同时由于服务时间长、服务项目多、服务比较深入，在长期的实践经验中，也存在一定的问题，例如人员配备不足、服务量不够、服务质量有待提升等。而特教育中心的建设与运行是一项长期且复杂的工程，既需要上级行政部门政策的支持以及制度的保障，也需要相关部门的资源整合，同时还需要资源中心自身不断改进工作方式，通过多个方面的合力才能让区域特殊教育资源中心更加有效地运行，实现它应该履行的职能。通过本研究，为越秀区特殊教育指导中心建设提供有针对性的对策和建议，确定中心职能、支持服务体系，以推进区域特教资源中心持续有效地发展。

八、反思与展望

由于课题组成员受专业水平限制以及工作时间、精力等因素的影响，本研究还存在以下不足。

（1）本次研究在调查问卷设计方面存在一定的问题，问卷主要集中在对于调查目前融合实施现状、中心的服务现状方面，对于特教中心服务评价方面，设计不够严谨。

（2）在访谈中对个别问题的挖掘还不够深入，比如对于工作的有效性方面、对于特教中心职能的期待、对于普通学校存在的问题等。

鉴于本研究的不足，希望在以后的研究中能从以下几个方面进行更加深入的研究

（1）在编制问卷前，先通过访谈发现一些有价值的问题，再进行问卷的编制，并在正式开展问卷之前进行严格的信度、效度分析。同时在访谈时可以挖掘更深入的问题，从中整理出有价值的内容作为研究结果的部分进行呈现。

（2）可以对一些较早成立、发展比较成熟的特殊教育资源中心进行进一步实地考察或者访谈调查，挖掘其成功的经验，为资源中心建设与运行的研究提供更多实践层面的经验参考。

（3）由于本区域特殊教育资源中心成立时间较长，还需要在以后的工作中对建议和对策进行落实，从实践层面进一步探索适合区域资源中心建设和运行的有效工作模式，这也是今后研究要努力的方向。

建立普校孤独症学生"按规则发言"行为的个案研究

孤独症（autism），又称自闭症，1943年由美国儿童精神病医生利奥·凯纳（Leo Kanner）命名。2013年5月18日，美国精神病学会发布《精神疾病诊断统计手册》第5版（DSM-Ⅴ）正式提出了孤独症谱系障碍（autistic spectrum disorders，ASD）的概念，并将谱系障碍的两个核心特征修订为：社会沟通与社会互动的缺陷和限制性的重复性行为、兴趣与活动（BBBS）。不同学者对于孤独症的解读不同，有学者从行为方面对孤独症进行解读，认为孤独症患者常出现反复、刻板行为，妨碍性行为、拒绝变化的行为。这样的行为，往往因处理不当，严重影响到学生的日常生活和学习，进而演变成为问题行为。而孤独症患者又因其对外界环境的理解度不足、语言理解和表达能力极其有限，同时伴随很多生理方面的问题，所以问题行为的处理比较困难，导致干预介入周期长。

积极行为支持出现于20世纪八十年代中期，强调以积极的、指导性的方法来代替对特殊儿童严重行为问题的惩罚，它非常适合于帮助特殊儿童调节他们的行为以适应正常的教育环境，从而使他们的感情和智力得以成长。积极行为支持使用教育的方法扩展个体的行为技能和采用系统改变的方法重建个体的生活环境。其首要目的在于帮助个体改变生活方式，以及给予所有与个体相关的人（如教师、父母、朋友和他们自己）以享受高质量生活的机会。还有同样重要的目的是帮助个体以社会可接受的行为方式（积极行为）去达到自己的目的，从而使问题行为（又称挑战性行为，指伤害了他人、本人，干扰了他人或本人的学习和社会关系的行为）失效，以这样的方式来部分或完全地减少问题行为。

积极行为支持包括所有能够增加个体在学习、工作、社会、娱乐、社区与家庭环境中成功的可能性和满意度的技能，如使用教育的方法去教授、加强与扩大积极行为，也包括使用系统改变的方法去增加积极行为出现的概率。

积极行为支持（Positive Behavioral Support，简称PBS）是一种全面的、基于研究的、发展性的行为支持方法，旨在为具有问题行为的学生带来全面变化。它是在应用行为分析基础上发展起来的一种行为干预方法，这种干预方法以个体问题行为的功能评估结果为基础开展干预，已经针对多类障碍儿童使用，是一种很有效的行为矫正方法。

在中国知网上搜索主题"积极行为支持"或含"正向行为支持"共获得118篇文献资料。整理文献，均认为积极行为支持对于改善特殊需求学生的问题行为，包括孤独症的问题行为是有效的。

本研究针对普通小学二年级一名孤独症学生的困扰课堂中的问题行为，采用积极行为支持的干预方法，制定干预措施，经过3个月的介入，最终将其问题行为减少到一定范围内。

一、研究对象

（一）个案基本资料

1. 个案基本情况

个案小明，男，2009年10月出生，和母亲、弟弟住在一起。父亲经商（周一到周五在外地工作，周六日回家），母亲为全职妈妈，家庭经济情况一般。介入时小明就读于普通小学二年级，弟弟2岁。

母亲回忆，小明足月出生，剖宫产，怀孕期间没有异常情况，未曾使用过任何药物，出生状况良好，未有医生的特殊说明。

母亲回忆，小明皮肤容易过敏，患有过敏性哮喘，经过医院检查对牛奶、海鲜、坚果类、谷物类过敏。2岁时候发现其语言比同龄孩子发育迟缓，就医，2岁半被诊断为典型孤独症。

之后去民办机构进行为期三年的关于语言、社会性能力、感知觉等方面的教育训练。2016年9月入读普通小学。因其考试成绩处于班级中等水平，尚未办理随班就读。

2. 个案基本能力情况

2016年7月，在医院进行韦氏智力测试儿童版第四版测试，总智商108。

语言理解能力：能理解日常生活中的物品名称、功能、特征，能理解两步口语指令，能阅读并理解简单的文字，对于抽象的词汇理解不足。

语言表达能力：能用复杂句表达基本需求，但是对于内心想法、情绪、事件的表达能力有限。

动作能力：具有基本动作能力，需要上下肢协调的运动如跑步、打球、踢球等，协调性不足，能做出基本动作，但品质不高。

数学能力：能跟上教学进度，单元测验和期中测验成绩在80—90分之间。

语文能力：能朗读课文（朗读速度较慢，跟不上班级的节奏）、具有同水平的识字和书写能力，但是对文字的理解能力有限，尤其是形容词、副词等抽象词汇；能完成简单的看图写话（简单的描述图画上的事件）。

3. 情绪和行为方面

小明在环境改变的时候，或者是想法和现实之间有不同时，不容易接受，会一直说话，如"为什么不能在原来的地方上课""为什么教师请假"等。个案发脾气的表现为摔东西、尖叫、哭，持续时间在30分钟到150分钟之间，可以接受的安抚形式有语言的安慰（效果甚微），或者是答应其一个要求（例如奖励汽车模型等）；对母亲比较抗拒，能接受家庭助理的安抚。

4. 背景资料

（1）班级情况

小明在一年级进入该班前，班主任已经做过家访，母亲把小明的基本情况进行了说明。班主任和家长在家长会、班会中均对小明的情况做了介绍，重点介绍了同学和教师互动中要注意的事项：当其发脾气的时候，同学和教师可以不理会，但是最好不要同个案争执、辩论，可以用"我知道你生气了""你已经很努力克制了""我们努力再平静下"等语言进行安抚。

（2）家校合作情况

小明上一年级的时候，妈妈聘用了一个社工专业的中专生作为家庭助理。

他是第一次接触孤独症，每周周五固定半天接受关于特殊教育的理论和技能培训。每周周四上午巡回督导教师会去个案班级进行观察、提供相应的指导。在一年级、二年级开学之初分别召开了个案的个别化教育计划会议。学校和家庭能相互配合。

（二）主诉个案问题

个案在上课的时候，会小声自言自语。在教师讲课过程中，对于教师的提问，如果个案会回答，不举手就随口说出答案，回答问题的声音很响亮。如果不会回答，个案有时候也会大声地表达出自己想到的内容。

（三）个案问题分析

1. 确定问题行为

经过观察和讨论，学校和家庭、家庭助理、巡回督导教师一致认为，个案的自言自语属于"延宕仿说"，即"在没有关联的情景中，儿童重复以前听到的声音、字词、部分句子或全句"文献中也指出"延宕仿说则与自我刺激行为有关，其功能多为感官刺激"。

相比较而言，自我刺激性为比较难改变，随着学生能力的提升，自我控制能力提升，会有所减弱。此行为暂时不做本次介入的重点。

经过观察，将个案的问题行为定义为"上课的时候，教师提问后，小明不举手同时不经过教师允许就大声回答问题"，"举手"和"教师允许"需同时具备，才能回答问题，否则记录为一次问题行为。"大声"界定为，助理在教室最后面能听清楚个案回答问题的内容。设定行为目标为，上课时，小明能够根据规则发言，规则为，如果要发言，首先要举手，当老师允许后才能发言；当老师不允许的时候，不能发言。

2. 观察、记录

根据个案实际情况制订了观察计划，英语课，教师更多是随机点名，正式提问的机会不多，不做记录，只观察语文课和数学课。

具体记录如下。

对每天的语文课、数学课（每节课35分钟，以铃声为开始和结束的信号）进行问题行为记录，采用次数记录法，出现一次记录一次，记录时长为5天。结果为18次/每节课。

3. 问题分析

经过《ABC行为观察表》记录和分析，以及《行为动机量表》分析，确定个案问题行为的功能为"获取某物"即"通过直接回答问题的方式，获得回答问题的机会"。

同时，通过采用漫画对话技术，让学生通过四格漫画填写对话，表达自己回答问题时候的想法。结果为，个案在漫画中表示"我很想回答问题，这个问题我会""也有人不举手呀""举手太慢""不举手回答问题，他人认为很奇怪"，进一步确定，个案没有建立回答问题要举手的规则。

产生这一问题行为的原因如下。

（1）个案不理解"回答问题要举手、并且得到老师允许"这一规则。个案为孤独症学生，对于环境的理解能力有限，从环境中归纳和总结出行为规则能力不足。同时，个案本身智力水平为108，具有一定的思考能力，不理解的或者是认为不合理的，不会完全被动接受。

（2）班级课堂常规方面并不一致。

在观察中发现，教师在课堂上，基本上会在提问之后邀请举手的同学回答问题，但是也有时候邀请不举手的回答问题，规则不一致让个案比较难以理解和掌握。

（3）个案没有按要求做之后，也没有得到相应的限制。

由于个案是孤独症学生，班级教师和学生对其包容度比较高，在拒绝、限制之后，个案会大叫、哭，让教师比较担心"如果制止他，他会发脾气"。这也造成个案不能从教师的反馈中获得行为后果，去自我修正。

二、干预策略

（一）干预策略

针对个案问题行为的分析结果，制定以下的干预策略。

1. 前事控制策略

和教师制定一致的提问和回答问题的规则：教师明确发出提问的信号、只有举手才能让其回答问题，同时避免"谁举得快""谁坐得好"这样没有统一标准、无法评量、造成困扰的规则要求。

培养"小使者"充分发挥同伴的辅助作用。

2. 行为教导策略

教导并养成"举手和教师允许之后，在回答问题"的习惯；教导其"如果不被邀请回答问题，怎么办"的处理方法。

3. 后果控制策略

当个案以及其他同学，在没有举手并被邀请的时候，即使回答了问题，教师也不予理会，继续邀请其他举手的同学回答同样的问题。

在个案不能接受不被邀请回答问题发脾气的时候，教师用"我知道没有邀请你回答问题，你不开心了""请先举手，我邀请之后再回答问题"等话语进行安抚。

（二）实施干预策略

1. 第一阶段

阶段主要目标是帮助个案理解为什么上课要举手，教师允许之后才能回答问题，并且初步建立代币制，让其了解遵守规则会得到哪些奖励。时间为3个星期，每个天抽出一节课进行训练，抽离的课型为班会课、象棋课或者思想道德与法制课，或者是自习课。

（1）漫画对话技术应用

漫画对话技术起源于一个孤独症女孩拉金与母亲的图画集。在这本图画集中，十岁拉金把交流中无法理解的问题画出来给母亲看，同样，母亲也在画中告诉拉金该怎么解决这个问题，拉金在这种交往中学会了很多交往的技能。漫画对话技术指当两个或两个人以上（其中有孤独症患者）互动时，通过简单的标志、图画和颜色来加强互动时的信息。这些图画可以帮助解释正在进行中的对话，为在交谈中陷入理解困境的孤独症患者提供辅助支持。漫画对话主要是围绕特定主题展开，呈现一个有困难的情境，再通过漫画中各种标志、图画和颜色来帮助孤独症学生理解他人的反应，因而，孤独症学生在与他人进行漫画对话时能够真正地"看"到正在交谈的内容，"看"到对方在做什么、说什么、想什么，使他们在谈话中有一种能够胜任的控制感，从而更好地投入到对话中。

利用漫画对话技术，开展对话的四个主题：①如果不举手，就回答问题，教室里面会发生什么？②如果同学们都随口回答问题，教师、你、同学会有什么想法？③如果大家都举手，教师要邀请谁来回答问题呢？④如果只邀请一个人回答很多问题，你会怎么想呢？

在实际实施过程中，根据个案情况，又增加了第五、六个主题：什么是机会均等？上课想回答问题该怎么办？

具体展开过程如下：

① 巡回督导教授助理老师此技术，之后设计好每一次课程，助理老师教授并拍摄录像，给予反馈，之后巡回督导再调整策略。

② 用"我们今天来讨论某某主题，我们一边画，一边说一说"开始。助理教师将A4纸用线段画十字，分割成四个格子。和个案一起第一个格子画出上课的场景，之后第二个格子应主题画出相应的场景，并标注对话。

③ 和个案一起分享这个漫画，并说一说大家的想法，说一说以后我们要如何做。

④ 每个主题共进行两次漫画对话技术训练，6个主题共进行12次训练。每个主题第一次和第二次训练，引入方式一样，第二次更多引导个案独立思考。

例如主题一如果不举手，就回答问题，教室里面会如何？个案在第一个格子里面画了教师上课、学生听课的场景；第二个格子里画了很多人说话的场景；第三个格子，画了个案自己的想法——"吵死了"，别人的想法，如"烦死了""不要吵了""不要说了""闭嘴"以及用"……"表示还有很多很多想法；第四格，个案画了教师指一个同学，一个同学站起来回答问题，个案内心的想法是"这样就听清楚了"，教师的想法是"这样才像上课嘛"。

在实施过程中，个案初期的画，人物是没有五官的，他说"不要生气"，推测应该是很不喜欢自己和别人生气。到第四个主题的时候，他开始加入五官，有时候用"向上或者向下弯弯的嘴巴"表示生气或者开心的情绪。

第六个主题本身为测试主题，让个案自然而然推导出，上课的时候，想回答问题，要举手，要等教师允许之后才能回答。

经过这六个主题的训练，个案基本能理解为什么要举手并被允许才能回答问题，同时能自己说出"想回答问题的时候要举手，并被老师允许之后才能回答问题"。

（2）利用代币制

利用代币制建立起强化机制，并提升自我控制能力。告知个案，班级的班规中注明先举手、被允许后才能回答问题。并依据此规则，制订代币的奖励制度（如表1）。

表1 代币的奖励制度

表现	奖励	兑换机制
举手，被允许后回答问题	1个"√"	2个"√"兑换一元钱
举手，没有被允许回答问题也没有大叫、哭、摔课本、能在同学回答问题的时候大声回答问题	1个"√"	第一阶段每节课兑换一次人民币 第二阶段每天兑换一次人民币 第三阶段满十个"√"兑换一次人民币

助理和语文教师、数学教师商定每节课最少在其举手的时候邀请其回答2次问题。同时因为每节课教师提出问题的次数不定，每天课程安排不一样，所以没有将代币获得总体情况进一步详细分析。下面选取十五天，每天一节语文课和数学课，获得代币情况（如图1）。

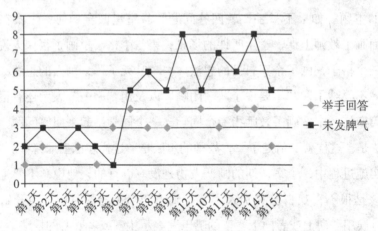

图1 获得代币情况

从图中可以看出，个案"举手没有被邀请没有发脾气"而获得的代币奖励次数明显呈现上升趋势；而个案"举手被邀请才回答问题"所获得的代币奖励次数，虽然因教师邀请的次数不同而不同，但是第7—14天的奖励情况可以看出，个案对"举手，并获得教师允许之后才能回答问题"这一规则有了一定的了解，也在尝试用此规则，以获得奖励。

同时，在开始使用代币制的时候，个案会质疑助理的记录："我都是先举手，再回答问题的""你怎么没有给我'√'"，个案不能很好地觉察和记忆自己的行为。后来助理增加了拍摄录像，让个案观看自己的录像，和个案讨论自己的行为，个案才开始认可助理的记录。

在个案以往的生活和学习中，使用过代币制，个案对代币比较了解，所以是否每节课兑换或者是每天、每十个代币兑换一次的方式，对于个案没有明显影响。

（3）同伴策略

因本班学生比较能接受个案的障碍，也能比较好地在日常生活和学习中帮助个案，所以在此行为问题介入中，第一阶段使用同伴策略，辅助个案理解并遵守此规则。

主要实施如下：和同桌（固定）商定，当教师提问的时候，他举手，（不需要口语提示），示范此规则；当个案不举手就回答问题的时候，同桌用"手指放到嘴巴上"表示安静，并晃动手，并将举手的动作做得更加明显；当个案不被邀请发脾气的时候，同桌用"手指放到嘴巴上"表示安静。

2. 第二阶段

本阶段主要目标是通过社会故事法，提升个案对于上课要举手、被允许后才能回答问题的规则的遵守能力，以及在举手后不被邀请回答问题时能够平静接受的能力。

所谓社会故事（socialstories），是指由专业治疗师、教师或父母为自闭症患者编写的小故事，对所发生的事件的时间、地点和参与人员等信息进行具体描述，对人们在事件情境中通常会怎么做、有什么想法或感觉等进行说明，并强调指出重要的社会线索，进而以患者能理解的语言说明与此情境相适应的行为方式。社会故事法并不直接教授社会技能，而是向自闭症患者解释环境中可能会发生的事件，利用患者长于视觉加工和对文字的兴趣来增进他们对环境的理解，从而诱导出符合社会规范的行为或社会技能。

依据个案的基本能力，我们设计了两篇社交故事，分别为《当我想回答问题的时候，我会举手》《当老师不邀请我的时候，我能平静接受》。

本阶段主要介入安排如下：每篇社交故事介入时间为2周，每天抽出20分钟单独辅导，抽离时间为班会课、道德与法治课、自习课等非主要课程时间。

主要训练步骤如下。

第一次课，和个案讨论该主题，共同写出社交故事；

第二次至第五次课，课程开始时和个案一起读社交故事（5分钟），之后和个案讨论每一句话的意思，重点突出在上课的环境中，我们的行为要符合周围环境的要求，即回答问题要举手，被邀请后才能回答问题。之后助理出示相关情景下某个学生的表现，让个案判断这个学生做的是否正确。

第六次至第十次课，助理演绎和故事内容相关的行为，让个案判断，是否正确。之后，个案演绎相关主题下的行为，让助理判断是否正确。在这个过程中，以邀请个案参与的形式开展，如果个案抗拒，则暂停，助理继续演绎。

第二个社会故事实施步骤遵循以上步骤。

3. 第三阶段

本阶段为维持阶段，主要目的是当撤除介入的策略后，观察和记录个案问题行为的次数，以确定效果是否能维持。

本阶段实施过程如下。

撤除漫画对话技术、社会故事的教授，以及代币制的奖励，时间为4周。在此期间，每天选取一节语文课、一节数学课（以上课铃声为开始，以下课铃声未结束），记录个案问题行为的次数。同时记录个案不被邀请的情况下，大哭、大叫、摔书本的行为次数。此行为不是本次研究的标的行为，但是可以从此行为的情况来了解个案对于"上课回答问题前要举手、被邀请之后才能回答问题"这一规则的理解和遵守程度。

（三）实施结果

1. 问题行为的变化情况

观察期、介入期、维持期三个阶段的数据中，可以看出行为问题的次数明显减少。以下数据按照每天一节数学课、一节语文课，每周5天，计算出每周平均每节课的行为次数，采用四舍五入，取整数数值（如图2）。

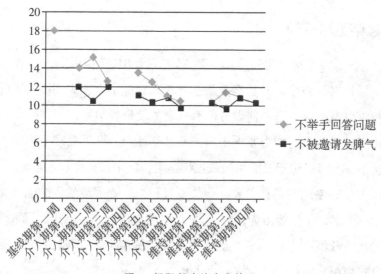

图2　问题行为的变化情况

2. 助理和教师、同桌、个案的观点

经过介入，助理认为：个案对于上课时候自己出现的问题行为能比较好地认识，并承认自己做不好（在以往，个案会否认自己做得不好，会说某某也是这样的）。明显感觉个案基本上掌握了这一规则，并能比较好地控制自己的行为，个案会"用小声地嘟囔的方式回答问题"有时候"大声说或者是小声嘟囔之后，会回头看助理"。

数学教师和语文教师均认为经过介入之后，个案偶有不举手就大声回答问题，同时他们表示"这些都是难免的，现在的情况已经是不错了"，同时表示在没有被邀请的时候"没想到他能忍住不发脾气"。

同桌认为以前"小明总是很焦虑，很喜欢抢答，被人打断就大叫"，现在"他能听其他人回答问题，有时候会看看我怎么做的"，"现在，他不怎么能打扰我听课了"。

个案认为，"不能大声回答问题，我就小声在心里面回答问题""有很多人上课都不回答问题的""不让我回答就不回答咯，老师知道我会就好了""我要忍耐住不发脾气"。

三、结论与建议

经过介入，以及结果的分析，以及在实施过程中遇到的问题，有以下思考。

（1）漫画对话技术以及社会故事，对于孤独症学生认识环境、了解自己和他人的行为以及引导自己如何做方面有一定的效果。但是此两项技术对于实施对象的语言理解和表达能力要求很高，尤其是社会故事，要求个案对于文字的理解能力很好。所以对于低能力的孤独症学生，应用起来比较困难。

（2）在实施漫画对话技术和社会故事过程中，要因应学生的能力而有所调整。对于该个案，虽然智力为108，语言理解能力相对而言不错，但是对于比较长篇幅的社会故事，理解并不理想。所以需要在读社交故事之后，采用演绎、判断的方式加深个案对于社会故事的理解。

（3）代币制和同伴策略在积极行为支持干预中是比较常使用的策略，但是在实施过程中，笔者发现，使用同伴辅助过程中，同伴会有过度辅助的情况。同时，如果要求比较多，会影响同伴本身上课的效果，所以使用同伴要考虑同伴本身特质以及学习能力。

（4）外界环境的支持对于干预效果影响很大。

在个案介入过程中，外界环境的支持程度极其重要。教师能够根据巡回督导和助理的建议，建立统一的提问规则，同时能够在个案举手之后，及时地邀请其回答问题，让个案从中更好地习得此技能。

（5）社交故事，不是为了纠正学生的行为而存在的，目的是让学生更好地了解环境信息，并且感知自己的行为，建立自己良好的行为。在使用社会故事的过程中，相对于漫画对话技术，个案比较抗拒，他会说"我又做错什么事情了吗""怎么还要说这件事情呀""我已经做得很好了"。所以，可尝试除了个案出现行为问题时候采用社会故事，在个案表现良好的时候，也可以使用社会故事，以帮助其理解环境，稳定和内化所获得的技能，让这一技术不再成为出现问题的标签。

参考文献

［1］朴永馨，顾定倩，邓猛.特殊教育辞典（第3版）［M］.北京：华夏出版社，2015.

［2］邓猛.融合教育理论指南［M］.北京：北京大学出版社，2017.

［3］张文京.融合教育与教学［M］.桂林：广西师范大学出版社，2013.

［4］顾明远.教育大辞典（增订合编本·上）［M］.上海：上海教育出版社，1998.

［5］张文京.特殊教育课程理论与实践［M］.重庆：重庆出版社，2014：271-306.

［6］周念丽.自闭症谱系障碍儿童的发展与教育［M］.北京：北京大学出版社，2015.

［7］韩彦，李双龙.从特殊教育向融合教育发展的影响因素及政策建议［J］.教育探索，2023（7）：88-93.

［8］陈利民.后现代主义的特征及其对现代教育的审视［J］.内蒙古师范大学学报（教育科学版），2003（04）：5-7.

［9］张志亮，王萌，李慧.基于建构主义学习理论基础上的实验教学研究［J］.实验室科学，2022（04）：93-96.

［10］胡双全.论合作学习的基本理论［J］.科技视界，2016（16）：84-85.

［11］李晓光.我国残疾人融合教育权利保护初探［J］.安徽农业大学学报（社会科学版），2021，30（04）：95-99.

［12］丁相顺.《残疾人权利公约》与中国残疾人融合教育的发展——《残疾人教育条例》解读［J］.中国特殊教育，2017（06）：18-24.

［13］蒋惠珍.基于教育生态化理论的随班就读教学模式研究［J］.中国特殊教育，2017（10）：27-30.

［14］周思悯，陈淑瑜.班级性领域课程融合活动实施历程之研究——以台北市一所国小特教班为例［J］.特殊教育期刊，2019，68（12）：43-56.

［15］夏峰，王瑶.建设区域特殊教育支持保障体系办人民满意的特殊教育［J］.现代特殊教育，2017（12）.

［16］方俊明，李泽慧.健全支持保障体系提高特殊教育质量——国家特殊教育实验区工作进展情况分析报告［J］.中国特殊教育，2016（8）.

［17］洪佳琳，陈荣弟.智障学生十五年教育模式的构建与实践［J］.基础教育参考，2015（17）.

［18］刘艳，蒋骊.特教需要学生的支持服务模式与本土推进策略［J］.中国特殊教育，2015（Z1）.

［19］陈庆.特殊教育学校辅具配置的探究［J］.中国现代教育，2012.2.

［20］邓猛，朱志勇.随班就读与融合教育——中西方特殊教育模式的比较［J］.华中师范大学学报（人文社会科学版），2007（4）；125-129.

［21］李拉.当代融合教育改革的性质：观念、制度与实践的变革［J］.现代特殊教育，2019（8）：1.

［22］邓猛.健全随班就读支持保障体系［J］.现代特殊教育，2014（2）：21-22.

［23］丁勇.健全随班就读支持保障体系，大力推进融合教育［J］.现代特殊教育，2021（9）：1.

［24］李天顺."十四五"特殊教育高质量发展的宏伟蓝图［J］.现代特殊教育，2022（2）：6-10.

［25］王卫华.教育的定义方式与评析［J］.复旦教育论坛，2019，17（3）：11-16.

［26］刘金玉.让阳光走进语文，让语文凸显阳光——"阳光语文"的实践与探索［J］.新高考（升学考试），2013（7）.

［27］赵勇帅，邓猛.西方融合教育课程设计与实施及对我国的启示［J］.中国特殊教育，2015（3）：9-15.

［28］邓猛.新时期我国融合教育现状和发展趋势［J］.残疾人研究，2019

（1）：13.

［29］颜廷睿，关文军，邓猛. 融合教育质量评估的理论探讨与框架建构［J］. 中国特殊教育，2016，9（195）：3.

［30］智锋，樊小敏. 中国融合教育的发展、困境与对策［J］. 现代教育管理，2020.（2）：1.

［31］丁勇. 新时代特殊教育学校转型升级以及高质量发展［J］. 现代特殊教育基础教育研究，2020（7）：4–7.

［32］崔玲玲，张天云. 中国特殊教育资源网听障资源建设探析［J］. 中国教育信息化，2011，（14）：75–78.

［33］林开仪，汤剑文. 发挥特教指导中心功能，推进区域融合教育高质量发展——以广东省中山市特殊教育指导中心为例［J］. 现代特殊教育，2020，（2）：16–17.

［34］谈秀菁. 明确省级特殊教育指导中心功能定位，充分发挥职能作用［J］. 现代特殊教育，2019，（07）：8–10.

［35］昝飞. 发挥特教指导中心功能，构建高水平支持服务体系［J］. 现代特殊教育基础教育研究，2019（1）：8–9.

［36］刘明清，赖丽花，严丹. 中国特殊教育资源中心体系建设的困境与思考——以江西省为例［J］. 豫章师范学院学报，2021，10（5）：97–98.

［37］张延珍. 发挥区域特教指导中心作用——推动融合教育资源中心建设落地落实［J］. 现代特殊教育，2018，（12）：13–14.

［38］黄牧君，王瑶. 基于医教结合的区域特殊教育支持服务策略［J］. 现代特殊教育，2015，（Z1）：27–29.

［39］夏峰. 区域终身特殊教育服务体系的构建——来自上海市长宁区的探索［J］. 现代特殊教育，2016，（11）：19–22.

［40］卜凡帅，徐胜. 自闭症谱系障碍诊断标准：演变、影响与展望［J］. 中国特殊教育，2015（2）.

［41］昝飞. 从积极行为支持的角度谈孤残儿童问题行为的干预策略［J］. 社会福利，2009（5）.

［42］朱媛媛，于素红. 漫画对话技术及其在自闭症儿童干预中的应用［J］.

南京特教学院学报，2011，12（4）：35.

［43］李晓，尤娜，丁增. 社会故事法在儿童自闭症干预中的应用研究述评［J］. 中国特殊教育，2010（2）：42.

［44］习近平. 共同构建人与自然生命共同体［N］. 人民日报，2021-04-23.

［45］中共中央、国务院. 中国教育现代化2035［N］. 人民日报，2019-02-24.